税收如何是好

TAXES: WHAT'S THE RIGHT THING TO DO

许志国 著

企业管理出版社
ENTERPRISE MANAGEMENT PUBLISHING HOUSE

图书在版编目（CIP）数据

税收，如何是好 / 许志国著 . —北京：企业管理出版社，2022.6
ISBN 978-7-5164-2623-4

Ⅰ . ①税… Ⅱ . ①许… Ⅲ . ①税收管理—研究—中国
Ⅳ . ① F812.423

中国版本图书馆 CIP 数据核字 (2022) 第 090926 号

书　　　名:	税收，如何是好	
书　　　号:	ISBN 978-7-5164-2623-4	
作　　　者:	许志国	
策　　　划:	寇俊玲	
责 任 编 辑:	寇俊玲	
出 版 发 行:	企业管理出版社	
经　　　销:	新华书店	
地　　　址:	北京市海淀区紫竹院南路 17 号	邮编：100048
网　　　址:	http://www.emph.cn	电子信箱：1142937578@qq.com
电　　　话:	编辑部 (010) 68701408　发行部 (010) 68701816	
印　　　刷:	北京虎彩文化传播有限公司	
版　　　次:	2023 年 3 月第 1 版	
印　　　次:	2023 年 3 月第 1 次印刷	
开　　　本:	700 毫米 × 1000 毫米　1/16	
印　　　张:	14 印张	
字　　　数:	220 千字	
定　　　价:	68.00 元	

版权所有　翻印必究　·　印装有误　负责调换

重视税收的心理效用与行为助推

（代序）

志国兄的新书《税收，如何是好》（以下简称《税收》）耗十年之功，终于付梓，可喜可贺！回想片刻，我认识他也不过十年；十年磨一剑、交一人，在这个追求快节奏高效率的社会，难得亦值得。即便如此，当他提出邀请我写序时，第一反应仍是意外且惶恐。意外的是作为一个只有实践经验而缺乏理论素养的纳税人，我更适合做本书的普通读者而非代序"砖家"；惶恐在于，后者难道不应该是有江湖名声的资深大佬？我何德何能……然而盛情难却，又不忍辜负了志国兄的信任，我就硬着头皮答应了。

于是乎，有幸成为《税收》的首批看官，我认真地拜读（学习）了一遍。让我感到欣慰的是，原以为复杂枯燥的内容、专业晦涩的知识，在作者笔下竟然化繁为简、妙趣横生，令人手不释卷。暗自佩服志国兄的写作功力：雅俗共赏、深入浅出。我的前同事、现清华大学社会学系教授刘军强在其畅销书《写作是门手艺》中曾提出一条学者写书的高标准："外行不觉得深、内行不觉得浅"。身为一个财税界的外行，我觉得《税收》至少做到了前半句；至于内行是否认可，我对此也充满信心。

这是一本不止于讲税的书。其实从书名中便可窥见，重点在一个"好"字。这可能使该书区别于其他同类主题的著作。正如第一章开篇所言："税收是一个国家的根本，但关于税收的一切都充满着矛盾和争议"；因为"税收是一个经济现象，也是一个典型的政治现象，涉及谁来付税，付多少，怎样开支，谁受益等重要的政治问题"。既然是政治问题，那必须澄清税收的合法性或合理性（legitimacy）。"取之于民，用之于民"是我们从小耳熟能详的纳税宣传语，实际上正是税收合法性的形象表述。取谁的？取多少？怎么取？谁来用？用多少？怎么用？作者博古通今、串联中外，全面系统地展开了分析。

读罢此书，就能更深刻地理解：税收如何成为国家治理（现代化）的重要工具；好的税收如何助力国富民强、长治久安。

也许并非《税收》的重点，但鉴于鄙人的研究方向，我仍想重点谈谈我的体会：要重视税收的心理效用与行为助推。关于税收的心理效用，在直接税与间接税的不同上体现得淋漓尽致。直接税通常指向我们所必需的东西，如所得税；间接税通常指向我们所喜好的东西，如消费税。所得税每次交多少都明明白白，而且隔一段时间（如一个月）来一次，每次感觉都是只有付出没有回报；相比之下，消费税不消费的时候就不用交，而消费的时候通常自己也并不清楚到底纳了多少税，消费带来的快乐又能抵消些许纳税带来的痛苦。从这个角度来讲，征税者在税种设计上，应该减少直接税，增加间接税；这关乎征税结构的问题。然而，对某些具有负外部性行为征收的消费税（如对环境污染、烟酒、道路拥堵等领域的征税），易被认为是一种"可以这样去做的特许证"。对于被征税对象而言，一方面，因为交了税，会增加心理上的"理直气壮感"，进而做出更多负外部性的行为，这恐怕背离了征收此类消费税的初衷——表达一种谴责。但政府却以收入的形式从自己所谴责的行为中获取利益，这也会在无形中破坏政府在维护社会道德秩序中的形象。另一方面，尽管所得税激发了人们的"损失厌恶"情绪，但上缴的部分毕竟还是尚未落袋的钱；而补税则像是伤口上撒盐，因为补税的过程是一扣再扣，谁都不愿意把心理账户里的"存款"往外掏。相反，获"退税"的纳税人往往会喜出望外（失而复得的退税"程数"大于交税的"程数"，来自决策心理学的解释），其实退的不过也是自己先前多交的税款。可见，我们必须关注税收的心理效用，而不能把它仅视为一种简单的经济行为。《福布斯》杂志推出的"全球税负痛苦指数"，反映的更多是心理指标，而非经济指标。

如果从技术层面讨论，税收遵从行为既然是一种被鼓励的微观行为，适宜借用行为科学的洞见进行助推（nudging）。描述性规范、信息简化与突出紧急性、框架效应等行为助推策略已被研究证实能够有效地提高纳税人（个体或企业）的税收遵从行为。毋庸置疑，税收具有强制性，征税也需要付出一定的成本。而助推工具恰恰强调非强制性和经济性，采取轻微而隐蔽的干预策略引导个体行为向预期方向改变，弥补了传统手段的不足（如法律法规、激励或惩罚）。可以预期，有关税收遵从的行为助推研究及应用，必将构成行为公共财政的重要内容。税收助推，大有可为。我希望：若干年之后，志国兄还能再出一本姊妹篇——《税收：如何助推》。

回到本书的主题：什么是好的税收？回答这一终极之问需要超越对税收的狭义认知，从经济、政治和社会三者的关系来理解。作者给出的答案是：好的税收不仅是国家筹集收入与配置资源的有力手段，更是对一个民族心灵和精神面貌的塑造，是对共同体向心力和共同认同的构建都能产生积极影响的秘密武器。深以为然。

最后，如果你实在没时间通读全书，那我推荐其中两章不容错过。男性读者可聚焦第10章"税酒政策与诗歌兴衰"，女性读者可留意第11章"税收怎样影响女性的地位"。

是为序。

中山大学政治与公共事务管理学院 教授
中国心理学会决策心理学专业委员会 副主任
"行为公共管理学"（CBPA_ZSW）公众号 创始人

2023年1月

税收，如何是好
TAXES, WHAT'S THE RIGHT THING TO DO

  一旦我们征税，我们就在玩火，如果不加以适当控制和小心看护，我们就很容易烧毁我们已经创造的一切，我们关于美好世界的希望也会随着烟火一起灰飞烟灭。另一方面，适当控制的税收不仅创造了伟大的国家，也给其居民带来了福祉。在古代社会，正义的税收创造了希腊的辉煌，缔造了罗马的伟大，甚至奠定了恺撒成功及其伟大声望的基础。

——［美］查尔斯·亚当斯：善与恶：税收在文明进程中的影响［M］，翟继光，译.中国政法大学出版社，2013.

  我们付税不是因为国家给我们提供了保护，也不是因为我们从国家得到了什么好处，而是因为国家就是我们自身的一部分。支持国家的责任与生俱来。在一个文明社会，国家对于个人的重要性如同我们呼吸的空气……，我们付税是因为……国家是我们不可分割的一部分。

——［美］塞利格曼.税收随笔（Essays in taxation）［M］.
哥伦比亚大学出版社，1895.

目录
contenrs

第一篇　税收哲思与良税建构　// 1
　　一、税收，如何是好　// 3
　　二、税收简史：对什么征税、如何征税的选择史　// 15
　　三、税收结构：对所得征税还是对支出征税？　// 26
　　四、谁在纳税，谁应该纳税　// 36

第二篇　税收意识与良治塑造　// 45
　　五、纳税人权利到底是一种什么权利　// 47
　　六、税负痛苦：痛并快乐着　// 59
　　七、谁在"供养全国"？——一个"财政幻觉"问题　// 66

第三篇　税收行为与美好社会　// 73
　　八、如何以税收创造社会进取精神　// 75
　　九、如何以税收促进社会正义支付机制　// 83
　　十、税酒政策与诗歌兴衰　// 87
　　十一、税收怎样影响女性的地位　// 94
　　十二、向富人有效征税：国家现代治理能力的基石　// 108

第四篇　税收抉择与国家命运　// 119

十三、英国：第一个吃螃蟹的国家　// 121

十四、荷兰的"省收省支"体系与荷兰的兴衰　// 132

十五、神奇的法国：种下官僚，长出了税收　// 143

十六、德国：学习法国好榜样　// 151

十七、美国兴衰的税收根源：从间接税到直接税　// 160

十八、单一税（Flat Tax）与累进税的再较量　// 174

十九、忙碌症、丹麦梦与高税收　// 181

二十、酒税、禁酒与国运转折　// 189

第五篇　税事税言与税收悟道　// 197

税收趣事　// 199

税收众言　// 206

参考文献　// 211

第一篇

税收哲思与良税建构

一、税收，如何是好

> 使社会兴旺发达的并不是不受约束的自由放任，而是合作和集体行动。没有税收，就没有合作，就没有繁荣，就没有共同的命运。
> ——［法］伊曼纽尔·赛斯，加布里埃尔·祖克曼. 不公正的胜利［M］. 薛贵，译. 北京：中信出版集团，2021.

税收是一个国家的根本，但关于税收的一切都充满着矛盾和争议。

很多人会觉得税收很简单，因为普通人都能体会到税收一直影响着我们的日常生活及很多重大历史事件。但税收看起来又很复杂，以至于意大利史学家、哲学家克罗奇曾经提出一个著名的论断：一切历史皆是当代史。其实，我们也可以说：一切历史皆是税收史。税收是追求国家强大与个人幸福的重要工具和载体，但如何选择一种让我们幸福的税收体系，还需要更多的修炼和更加睿智的思考。

（一）何为税收：税收的多重本质

税收是一个经济现象，也是一个典型的政治现象，涉及谁来付税、付多少、怎样开支、谁受益等重要的政治问题。对这些所谓的政治问题的不同处理方式又会对不同的群体以及政治体制本身产生巨大的不同影响。

从税收的目的可以让我们体会到税收的意义和力量，很多关于税收的书籍会这样告诉我们税收的目的（征税的理由），包括[1]：

---

[1] Jane Frecknall-Hughes. The theory, principles and management of taxation: A introduction [M]. Routledge, London, New York, 2015: 4-5.

1. 提供公共物品

有些东西对我们是有益的，但是私人并不愿意或者无法提供它，比如国防就是公共物品最经常被引用的一个例子。所有人都可以消费这种公共物品并且每一个消费该物品的人并不影响别人消费该物品。这种物品特性决定了市场或者私人并不愿意提供它，但是作为共同体的人们又需要它，所以就通过众人纳税的方式来为这种公共物品的提供买单。税收可以增加我们可消费的物品类型，税收越多，我们可享受和使用的公共物品就越多。税收剥夺了我们自己对一部分金钱的支配的自由，但是却拥有了可以享受自己通过市场机制无法买到的公共物品的自由。否则，你可能买得起一辆名贵的跑车，却发现没有合适的道路让车跑起来。

2. 收入再分配

不管什么原因造成的过大贫富差距，都会导致社会产生很多问题。因此，国家通常会通过让富人缴纳更多的税收，再通过某种方式转移给社会收入较低的群体，从而缩小贫富差距，稳定社会。当然，这个并不容易成功，而且还会导致富人和穷人都不愿意投入生产性活动。税收对于收入再分配的调整实际上是国家对于自身经济正义哲学观念的一种宣示和运用。对谁征税，让谁受益，直接体现着国家的意图和政权的本质。所以，共同富裕的目标追求就体现了我党对社会主义本质的宣示和运用。

3. 提升社会和经济福利

有人把教育和医疗这类物品称为公益品（Merit goods），它与公共物品不同之处在于它可以由私人提供，而由政府来提供则有它的优势。如果每个人都受到良好的教育，有一个健康的身体，这对整个社会都有益。相反的，也存在一些公害品（Demerit goods），比如烟酒。政府会对它们征收比较重的税，拿这些税收来做有益的事情，抵消这些公害品对社会所造成的损害。

4. 稳定经济

促进和稳定经济发展是政府的重要职责，一个有效的税收系统能够支撑政府创造经济发展所需的健康基础设施。一个很明显的例子是经济危机期间，政府通常需要使用税收收入支撑银行系统、补贴中小企业等，以使经济继续运行，涉及全球的突发情况所导致的经济危机甚至需要整个世界层面的财政系统来协同应对。

5. 一体化

由于各国的历史不同和社会文化不同，一个国家的税收制度与法律通常同另外一个国家的税收制度及法律差别甚大，甚至很多国家内部也存在多重税收制度。这不仅导致了经济发展的困难和税收遵从成本的增加，还会严重阻碍贸易和其他金融交易的顺利进行。

在国家内部甚至国家之间推行统一税制有利于消除经济发展的障碍，促进一体化的经济和政治制度的形成。

比如印度，脱离英国殖民统治独立初期有一定的经济基础，但长期以来的经济发展却不尽人意，这有其多方面的原因，印度五花八门让人头痛不已的税收体系是其中一个很重要的原因。可以说一个邦就有一套税收体系，跨邦的货物运输还会被征收"邦际销售税"，严重打击了投资者和商业从业人员的积极性，也极大地影响了国家财政收入和强大国家能力的形成。因此，莫迪上台以来，极力在印度全境范围内推行商品服务税（GST，只针对消费环节征税，因此也可以视为消费税），可以说这是实现印度崛起的一个重要举措，虽然前途维艰。

欧洲联盟（以下简称欧盟）为了在欧盟范围内实现商品、资本、人员的自由流通，也一直致力于推动税收的一体化工作。2011 年 3 月 16 日，欧洲联盟委员会（以下简称欧委会）出台了期待已久的 CCCTB（Common Consolidated Corporate Tax Base）提案，希望通过统一公司所得税税基，妥善解决欧盟内部的诸多问题。虽然该提案当时遭到了英国、爱尔兰等国家的反对并以失败告终，但是欧委会依然在稳步推进该项工作，2016 年 10 月欧委会再次提出了 CCCTB 提案。

上述观点是教材中常见的观点。还有一个观点并非常见，却能够让我们对税收有更全面和更深刻的认识。

瑞典斯德哥尔摩大学教授洛塔·比约克伦德·拉尔森（Lotta Björklund

Larson)认为税收被用来创造一种关系和期望，就像朋友之间为了维持友情，会经常交换礼物一样，税收也是为了在纳税人之间创造一种互惠关系（reciprocity）[1]。国家相当于我们交换礼物的媒介。

如果从这个角度来理解，税收的意义在于在纳税共同体（以下简称共同体）内创造了一个互惠关系网，这个互惠网络使得我们能够相互提供安全、保护、道路、救济、秩序等我们所需要的"礼物"，并且在这种礼物交换过程中我们的认同感、依赖感、信任感、亲切感得以形成，我们才会有国家认同、民族认同、地区认同等同理心。朋友之间常常会因为礼物的不对等而导致关系破裂，同理，税收能否真的建立我们所期望的互惠关系网，也要看纳税人之间是否能感觉到纳税付出与纳税回报的均衡性。

税收固然是很多公共物品和公共服务的成本，但我们纳税并非仅仅是为了获得我们自身所需的那份公共物品与公共服务。向共同体提供公共物品与公共服务是共同体内每个人的责任，因此，纳税并不完全是向政府或者其他共同体购买公共产品和公共服务，也是公民向共同体承担公共责任、履行公共义务的过程；纳税是公民为了建构"人类命运共同体"所应该承担的崇高义务；纳税是公民为了公共的福祉在承担他或者她应该承担的那份成本份额。（怎么确定这个份额是一个非常有挑战性的问题。）

这二者之间有着本质的区别。

如果把税收视为购买政府公共产品或者公共服务的成本，意味着公民可以随自己的喜好放弃这种购买行为。如果把税收视为公民为了公共福祉而履行自己公共责任和义务，公民就不能随意逃避自己的这种公共责任，任何逃税行为都必须受到道德的谴责和法律的制裁。

延伸出来的一个相关问题是，公民对于政府产出的评价，不应该只从自己私益的角度出发，而应该从社会公益的角度进行判断。在政府收支领域，最需要防范的现象可能恰恰就是政府用税收来支持特别群体的利益而非公共利益。

在不同的历史阶段有不同的税收哲学和不同的税收理念。

---

[1] Lotta Björklund Larson. A Fair Share of tax：A fiscal anthropology of contemporary Sweden[M]. Palgrave Macmillan, Gewerbestrasse, 2018.

国家征税大多数时候都需要以暴力为后盾，但国家还需要对自己的征税行为给予合法、合理甚至崇高、正义的理由，减少征税当中的抵抗心理，增加纳税过程中的服从心理。纳税人也会寻找各种理由来减少自己的税收负担，寻求让别人承担更多的税收负担。这种征税与反征税的斗争推动了税收哲学和税收理念的发展与演变。

在古代，臣民是为国王纳税。基于君权神授的思想，国王可以宣称所有的土地甚至臣民本身都属于国王，所以国王可以基于某种所有权获取税收收入。所谓"普天之下，莫非王土，率土之滨，莫非王臣"体现的就是国王对土地和臣民的所有权思想。天下资源都是国王或者皇帝一个人的，其他人拥有或者耕种的土地都是国王或者皇帝的恩典。既然是国王或者皇帝的恩典，那作为臣民给予国王或者皇帝某些回报也理所应当。要么为国王或者皇帝打仗、管理国家，要么拿些土地上的产出孝敬国王或者皇帝。这种孝敬古代称之为"贡"或者"赋"，也就是早期的税收形式，所以今天"贡献"一词仍含有无偿付出的意思。

在欧洲中世纪，国王的主要收入来自自己的领地，事实上这也是国王应该主要依赖自己的所有权获取收入的认知思想体现。藩属国向宗主国的纳贡行为，也是这种认知思想的体现，因为宗主国对藩属国拥有部分所有权。

近代资产阶级国家诞生之后，"朕即国家"的情形不存在了，国家脱离国王成为一个独立的存在。国王所有的土地等资源基本都私有化了，国家与纳税人变成了对立的双方。依据社会契约论的观点，二者主要是某种交易关系。因此，该时期为纳税辩护的理由以及税收道德伦理非常具有个人化特征：要么是依据个人从政府活动中受益大小而纳税，要么是依据亚当·斯密所说的，依据个人在国家保护下所获得的收入比例而纳税。

在当代，从理想的角度来说，国家通常被视为实现公民公共利益的工具，国家应该为了公民的公共利益而行动。因此，资助国家的活动就等同于公民为了公共利益而行动，纳税行为被视为纳税人的一种道德义务和道德责任，而非一种索取回报的权利。

自从阶级出现之后，税收通常被理解为统治阶级剥削被统治阶级的物质体现，但是剥削也并非意味着税收就是统治阶级从被统治阶级手中无偿拿走了一部分本该属于他们的收入。统治阶级为了长期获得剥削收益，通常不得

不对被统治阶级进行某种保护，就像农民保护自己的耕牛一样。各种形式下的税收剥削最终都演变成了统治阶级与被统治阶级双方的某种相互需要、协同共生的物质基础。

税收实际上是人类相互依赖的产物，我们相互依赖的程度越深，需要的税收就会越多。为什么国家可以征税？因为我们依赖国家，而国家又解决了很多我们的共同需要。相应地，税收负担也不是想减轻就可以减轻的，除非我们不再相互依赖。在分工越来越细的现代社会，事实上我们相互依赖的程度在加深而非减少。

农业社会的税收一般不超过整个社会GDP的10%，这除了征税本身存在技术上的困难，以及保持生存需要占用较大比例的社会产出之外，实际上也同整个社会相互依赖的程度较轻有关。在现代社会，大部分国家的税收很轻松就能达到GDP的百分之二三十，因为我们相互依赖的程度大大超过了农业社会。

一个国家的政府如果无须向公民征税，就会有无数个借口躲避公民对自身的监督，腐败与衰败就难以避免。因为它认为花的都是自己的钱，无须向公民交代，这样的国家很难走向现代民主责任政体。比如依靠石油获得政府收入的那些国家，基本上都是非民主政体。所以，税收有利于激发公民或者现代议会监督政府的支出，从而促进现代民主责任政体的建立。

但也不能简单地认为有了税收就会有代表、有民主、有负责任的、高效的政府，这还需要其他很多因素和制度来相互匹配和相互支撑。比如，如果一个国家的税收主要是间接税，事实上每个人对于自己纳税额度并不清楚，那么因为征税而导致民主的可能性就会低很多。

（二）各国税收：节制使用方为美

在世界范围内，税收引发的争议问题包括：政府的本质应该是什么，政府或者国家与其公民的关系应该是怎样的，税收正当的目标应该是什么，征税时国家的强制力该如何使用，税收负担该如何分配，税收收入又应该如何使用和分配等。而且关于决定税收负担分配和税收使用的公共决策程序也会引发很多的争议，比如代表的产生是否公平，议程是否受到了特殊利益集团的影响，议事投票规则是否公正等。其他争论还涉及个人的自由、隐私与政府服从、信息获得之间的平衡，社会应该在多大程度上由个人和企业自发形成、多大程度上接受政府调控等。

公民对于税收通常持有不可通约的相反态度。比如一方面希望政府扩大支出，加强教育、医疗和环保等方面的投入；另一方面却又反对提高税收。公民经常忽略了一个简单的事实：政府做得越多，公民为政府支付的就越多。于是，各国政客为了迎合公民这种精神分裂式的要求，只能走借债这条道路。借债的本质是把税收的负担留给后代，收益却体现在了当代。债务超过一定限度之后就会引发债务危机，整个社会付出的代价要比提高税收高得多，欧洲债务危机就是这样爆发的。

对待税收两种最极端的态度是：一是认为税收是公民对国家的自愿捐赠；二是认为税收是国家对公民财富的一种盗窃或者掠夺。

税收过高和过低实际上都会带来很多严重的社会问题。高税收导致的社会动乱在史料记载中已经非常丰富了，自然不用多说。但是低税收所导致的严重社会后果，很多人并未能充分认识。

南斯拉夫因为中央财政占比过低，最低时只有10%左右，导致了国家共同体治理的一系列困难。现在世界上税收占GDP的比重低于10%的国家，基本上都属于最不发达的国家（海湾石油国家除外）。这些国家的政府通常难以提供最基本的安全、教育、医疗等公共服务，等同于失败国家。

如果我们真的理解税收，就不会像现在那样凡事依赖政府，更不会总是抱怨政府："为什么有关部门还不采取措施……""有关部门在哪里？"

我们期望政府提供军队防止他国入侵，希望政府提供警察防止人们被杀害、被强奸、被抢劫及遭遇其他犯罪，希望政府提供法庭裁决争端……

我们还希望政府关爱年轻人、关爱老年人，关爱体弱的，关爱精神病患者，关爱失业者，关爱单亲家庭，关爱那些没有任何保险的人，因为这些群体无法照料自己……

我们还需要碧水蓝天，需要绿草茵茵，需要鸟语花香，需要看到人们与小宠物和谐相处的场景……

只要感受不到税收的约束，我们的爱心都特别容易泛滥，我们的欲望总是很容易被激发。

问题是，上述的愿望都需要钱，需要很多的钱。所以，理解了税收我们才能做一个理性的公民，一个懂得节制的公民，一个有爱心的公民。理解了税收我们才不会陷入这样一个巨婴式的思维陷阱：只要有需要未被满足，政府就应该（必须）满足这种需要。

一方面政府需要借助于税收来支撑和维护社会的文明；另一方面，也必须时刻克制征税的冲动，因为税收对社会潜在的影响同样巨大。控制住其征税的巨大冲动，限制其任意征税的权力是限制政府权力最直接的手段。

一旦公民理解了税收，公民可能会期望政府去做些事情解决某些问题，但是也可能去考虑选择私人营利部门、自愿组织或者非营利组织来解决同样的问题。实际上，还有一个重要的选择也应当纳入选项当中：那就是什么都不做。因为，有些时候，政府花了税收来支持某种集体行动的时候，你会发现问题变得更糟糕了。公民不能一边肆意制造问题，又总是习惯于把问题抛给政府。

（三）税收的意义和力量

税收既是大国兴起的幕后英雄，也是大国衰落的根源。

世界上很多重大的事件与税收密切相关。正如英国历史学家尼尔·弗格森（Niall Ferguson）所说的那样："每一次重大的历史事件背后都隐藏着财政秘密。"[①]

比如英国的《大宪章》事件，美国革命及美国南北战争；法国1789年的大革命事件等。事实上，几乎所有的帝国崩溃都和财政因素密切相关。这些大事件的背后体现的是税收创造互惠关系的失败。这些大事件既是这种失败的体现，也是新的互惠关系重塑的历史举措，背后体现的是对纳税付出与纳税回报的再次均衡。新一轮更加有效、更加公平的税收体系会催生更加灿烂的文明，提升人类的高度。

我国明朝财政一直是史学界的研究热点，对于明亡于清有很多令人痛心

---

① N. Ferguson. The ascent of money: A financial history of the world [M]. Penguin Books, London, 2008: 3.

疾首的原因，但其中一个重要的原因是明朝后期的实际税收征收率太低。学者估计的最低征收率只有9.3%，最高征收率也不过是33%。另据各种资料记载，李自成攻入北京之后，其部下大将刘宗敏对明朝成百上千个大臣进行严刑拷打，追索钱财，共计所获7000万两白银（也有说上亿两的），大约相当于崇祯年间2~3年的财政收入。数字也许有出入，但是也从一个侧面证明了当时明朝后期税收低征收率的事实。

公共行政学专家沙夫里茨和海德在他们的《公共行政学经典》著作的第1篇引言中写道：

"古罗马帝国，犹如之前的埃及帝国、波斯帝国和其他帝国那样，之所以能够征服世界，是因为它有一套能够把其士兵们很好地组织起来的理论，从而使得这些帝国远远大于其军事上的对手，其军团能够得到一个复杂行政补给系统的源源不断的支持，而该系统背后则是公平的税收。罗马帝国，只是在其军团堕落为雇佣军时、只是在其补给和税收基础遭到破坏时，才轰然倒塌。……正如他（拿破仑）所言，军队不会'饿着肚子前行'，他们的前行离不开征税官们铺设的道路。定期补给才会有纪律，严格的纪律才能将一群乌合之众打造成一支军队，而纪律严明且服从于国家领袖的军队，是文明的先决条件。"

西方古代国家波斯、古埃及、古希腊、古罗马都有成熟的税收体系来获取国家财政收入，这些早期的税收主要包括不动产税、销售税、关税以及遗产税等。税收是支撑文明进程不可获缺的重要力量，发达的文明必然伴随着成熟的税收体系，税收也极大地影响着人们已经拥有的文明。

我国北宋著名政治家王安石曾经说过，一部周礼，理财居其半。

《周礼》相传是西周初年周公所著，反映的是西周时期的制度，可见中国文明早期阶段就已经有了非常成熟的财政税收制度。换句话说，中国早熟的文明依赖于早熟的财政税收制度。

美国法学家奥利佛·温德尔·霍姆斯大法官曾说过：税收是我们为文明社会所支付的代价。普林斯顿大学史蒂芬·霍尔姆斯教授在其《权利的成本：为什么自由依赖于税》一书中也体现了类似的观点。孟德斯鸠也持有同样的观点，因此他主张"税收可因臣民享有的自由增多而加重，反之，奴役增大时税收必须随之减轻"。①

自由愈甚，税收愈重，二者是成正比关系的。如果自由与文明是浮出水面的冰山，那税收就是水面下的巨大山基。

因此，征税行为以及与之伴随的税收叛乱和税收抗议行为通常都会产生远超税收本身的各种影响。税收从来不是一个纯粹的经济问题，税收问题通常可以归入更大的经济、政治、社会甚至宗教问题。一个良好的社会体系背后通常存在一个公平合理的税收体系。

（四）走向对税收更全面的理解

追求正义税收是促进社会正义的重要一环。

马丁·克劳（Martin Crowe）在1944年曾对正义的税收设定了三个标准：合法的立法机构，正当的理由，税收负担的公平分配。②虽然每一个标准都会衍生出无限的争论标准，但是对这些标准的争论本身也会不断地推动社会向着公平和正义靠近。中国正在稳步推进的"税收法定"改革即可视为在朝着第一个标准而努力。

税收在收入分配方面的作用，一般人认为这种收入分配政策更多体现的是对弱者的人道主义关怀。实际上，税收在收入分配方面还起着限制富人更加有钱的作用。

经济学家和很多普通人往往认为富人有更多钱就会更加努力工作，创造更多财富，提供更多工作岗位，因此对整个社会都有益。但是，顶级富豪也存在极大的可能会依赖他们巨大的财富体量来控制市场、社会和政治，谋取不当利益。

一个好的社会应该在市场、社会和政治三种力量之间取得稳定的均衡，但是一小部分人特别富裕就会打破这种平衡，导致三种力量之间和其内部都

---

① ［法］孟德斯. 论法的精神（上册）［M］. 许明龙，译. 北京：商务印书馆，2009.

② Rev. Martin T. Crowe. The moral obligation of paying just taxes［M］. The Catholic University of America Press, Washington DC, 1944：22 – 24.

出现一种破坏性的局面。即使他们把财富用在了再投资上，大部分投资也不属于能创造更多财富和更多工作岗位的投资，大部分投资要么是股市中的赌博，要么是抬高整个社会生活成本的房地产。

虽然我们早就理解了对政治权力限制的必要性，但我们还未真正理解对财富权力限制的必要性。

更全面理解税收的一种思路是从政治、经济和社会三者的关系中来理解。在政治学家阿尔蒙德等人看来，目前大多数国家主要面临着三大挑战：构建共同的认同和社群感，促进经济和社会发展，以及保障民主、人权和公民自由①。税收可以视为一种共同体意志的体现，是联结三者的桥梁和地基。

这种意志首先体现在经济系统的安排方面。经济系统的安排不仅仅是为了所谓的市场效率，也有征税效率的考虑。可以把经济系统视为国家与市场主体合伙建构的一个系统，因此经济系统自然要同时体现国家的经济利益追求（税收）和市场主体的利益追求（利润）。从这个角度理解，税收并非是国家从私人和市场主体手里拿走了他们应得的一部分，可以视为国家和市场双方同时从经济系统中拿走了各自应该得到的部分。

国家存在的使命之一是建构共同的认同和社群感，维持社会的凝聚力，这也是保障经济发展的必要条件，因为共有认同的消失可能会导致严重的政治混乱和社会冲突，经济发展自然无从谈起。但是建构共同的认同和社群感需要税收来支撑，如果没有一笔可供共同体共同使用的财政资金，很难产生群体的认同。"一方有难，八方支援"既是一种社会动员，也是一种资金动员。同样，一个健康有序的社会，对公民自由权利和生存权利的保护也需要税收来支撑，这样的社会有利于共同体意识的形成，有利于促进经济和社会的发展。见下图。

在这三个领域中任何有关公共议题的思考与讨论，比如有关所有权、语言、宗教、教育、医疗与社会保障、负外部效应的消除、公民政治权力和社会权力、国家的职责和使命等，事实上最后都是关于税收的思考与讨论，或者说都是与税收有关的讨论。

---

① ［美］加布里埃尔·A. 阿尔蒙德，等. 当今比较政治学：世界视角［M］（第9版）. 顾肃，吕建高，向青山，译. 北京：中国人民大学出版社，2014.

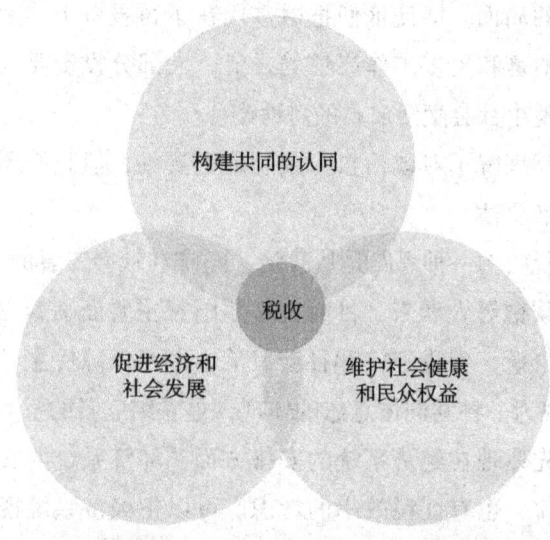

税收是联结政治、经济和社会的桥梁与基础

所以，税收狭义的理解，就是国家筹集收入和配置资源的手段，国家凭此可以向公民提供公共产品和公共服务，可以凭此调控经济系统；但是税收作为一个国家和社会的底层要素，不仅会对国家和社会之间的关系产生巨大的影响，而且对一个民族心灵和精神面貌的塑造，对共同体向心力和共同认同的构建，都会产生多重的复杂影响。对于税收，应该基于多维角度来给予宽广的理解，这有助于我们选择一种更好的税收体系。

二、税收简史：对什么征税、如何征税的选择史

很多时候，王国和帝国就像是收着保护费的黑道集团。国王就是黑道大哥，收了保护费就得罩着自己的民众，使其不受附近其他黑道集团或者当地小混混骚扰。除此之外，其实也没有什么功用。

——［以色列］尤瓦尔·赫拉利：人类简史［M］.林俊宏，译，北京：中信出版集团，2017.

税收同每个人密切相关，却很难获得所有公民的认可。虽然税收支撑了公民个人的自由和福祉，但是很多人却很难对它产生愉悦的心情。

世界上绝大多数国家，人们所创造财富中约有三分之一左右会变成税收。这些税收再通过政府和社会机制，转变成我们所需要的公共安全、国防、法院、道路、学校、医院、艺术和文化等公共产品。

关于税收的一切总会引起争论，很难对税收达成一致的意见。虽然税收负担轻重很重要，但是对什么征税、如何征税的行为饱含着不同的意识形态，会对税收本身以及税收所在的政治、社会系统产生重大不同的影响。征税对象的不同、征税方式的不同也是影响一国国民幸福与否的重要因素。在税收负担不重的情况下，对什么征税、如何征税等因素同样可以决定一国公民是拥护还是反对税收的态度。而且，对什么征税、如何征税又决定了逃税和避税的方式，这些逃税和避税的方式以另外一种有趣的方式推动了历史的发展和文明的进步。

（一）古代的税收

1. 如何纳税，如何不纳税

税收是一个很古老的历史现象，当人类开始有文字记载开始时它就存在

了。在公元前3000年左右的美索不达米亚即今日伊拉克境内发现的楔形文字，记录了苏美尔人城市国家中寺庙所收到的黄金、动物以及奴隶等古代税收。虽然文字记录了税收，但是记录税收也可能是文字书写得以发展的一个重要推动力量。

无论中外，最早和最广泛的税收形式都是徭役（corvée）[1]，所谓徭役就是国家要求臣民提供的一种强制性劳动。孟姜女哭长城，就是因为她的新婚丈夫范喜良在服徭役修建长城的时候饥寒劳累致死，并且葬在了长城脚下。这可能是中国最早的和最出名的与徭役有关的民间爱情故事。

徭役既可以视为一种税收形式，也可以视为一种公共支出形式，古代的很多公共工程都是借助徭役的形式得以完成。在汉朝，政府每年提供一个月强制劳动的人数多达总人口的20%~25%，而汉朝征募的士兵才占到全国总人口的0.5%~2%[2]。正是依赖大规模的徭役，古代才能建立起大规模的防洪设施、公共道路、大型战争防御设施等公共物品。

在欧洲，徭役一直到19世纪才结束。而"劳动"一词（labor）在古埃及语言里面本来就是税收的同义词。

在早期历史中，土地被视为所有财富的基础和源泉，因此税收主要针对土地及土地上生产的作物而征收。两河流域美索不达米亚文明最早的税收形式就是什一税（tithe），即将土地产出的10%作为税收。

中国最早的税收历史可以追溯到公元前2023年，中国历史上著名的水利专家大禹被推举为部落首领。他开始征收的"贡"税率10%。大禹奠定了"税起而国兴"的历史现象，因为他不仅开始以税收来支撑国家的运转，而且他还以暴力手段来强制征税，强化了国家的权威。

当时中国是由多个部落组成，并不是所有的部落都按照大禹的意思来纳贡的，最为著名的抗税部落头头是居住在今浙江一带的防风氏。虽然大禹一再催收税款，但是防风氏依然我行我素，对大禹充满了藐视和傲慢。大禹作

---

[1] David F. Burg. A world history of tax rebellions: An encyclopedia of tax rebels, revolts, and riots from antiquity to the present [M]. Routledge, London, New York, 2004：(序言) 1.

[2] [英]塞缪尔·E. 芬纳. 统治史（卷一）[M]. 王震，马百亮，译. 上海：华东师范大学出版社，2014.

为新任首领，必须巩固自己的权威，于是就在今天的绍兴柯桥召开部落大会，姗姗来迟的防风氏被当场处死。

在中国，"税"正式出现在公元前594年。这一年鲁国开始实行"初税亩"，改变了过去井田制时代主要向农民征徭役的情况，开始以农民土地的产出为征税对象（税率也是10%）。

无论西方还是中国，税收都有着悠久历史，可以追溯到公元前2500年，甚至4500年以前。与之相伴的是，逃税以及税收反抗的历史也同样古老。

税收无论采取直接税制形式还是间接税制形式都会对社会产生不同的影响，都会带来不同的逃税或者抗税方式。不管是徭役还是什一税，都是直接税的典型税种——对个人进行征税。在现代税收体系当中，直接税主要表现为对个人所得、财产以及遗产征税。而销售税和消费税、进口关税、对消费者耐用品征税、对原材料和商品征税，这些都是间接税，主要体现为对消费者的支出进行征税，不管征税在哪个环节发生，最终都是由消费者纳税。纵观历史，不管是直接税还是间接税的形式都是千变万化、纷繁复杂的。

在古罗马恺撒统治期间（公元前49－公元前44年），政府对进口商品征收1%的一般销售税（相当低）和其他形式的税。在后罗马帝国时代，奥古斯都和他的继任者征收一种特别形式的税收——贡金，由那些归顺罗马帝国的国家或者行省交付，以换取罗马帝国对他们的安全保护或者某些自治权。

> 如果需要在两种征税制度间进行选择，我们则建议完全废除间接税而普遍代之以直接税；……因为，间接税使每个个人都不知道他向国家究竟缴纳了多少钱，而直接税则什么也隐瞒不了，它是公开征收的，甚至最无知的人也能一目了然。所以，直接税促使每个人监督政府，而间接税则压制人们对自治的任何企求。
>
> ——马克思，1866年

中国历代王朝与周边附属国长期存在朝贡体系，这种朝贡体系不是作为王朝的税收体系存在，更多的是一种政治礼节性的存在，而且中国回赠的礼

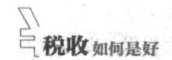

品通常会超过附属国所上贡的礼物，以显皇恩浩荡、天朝恩典。这种朝贡体系，如果单从经济角度来看，朝贡国所获得的收益远远超过中华帝国。中华帝国获得的是自己所需要的政治、文化、道德等方面的合法性和优越感，通过这种经济上吃亏的方式成就自己中央帝国的地位和声誉，同时也实现了政治、经济和文化等影响力的输出。

2. 有税收的地方就有免税特权的存在

在古代，财富和权力在免税当中通常扮演着重要角色。对于统治阶级来说，采用何种所有制通常并不一定是从生产效率的角度来考量，更多的可能是从获取税收的有效性（减少逃税的可能性）来考虑。中国的井田制时代，实际上就是通过徭役的形式让农民来耕种公田使国家获取的财政收入，但是后来发现农民耕种公田的积极性很低，所以就实行"废井田、开阡陌"，把所有的土地私有化，然后对所有的私有土地征税。在西方也有类似的私有化事件。在拜占庭帝国，公元4世纪的时候，政府把大部分的国有土地都卖给了私人，之所以这样做是因为皇帝认为对私人土地征收较低的税率可能比对国有土地征收较高的租金所获收入还多。

在西方，皇亲国戚和高级教士通常不用纳税。在中国，也存在类似情况。皇亲国戚和权贵大臣自不用说，宗教在某些历史阶段也成为免税的理由，土地所有者有时通过与宗教阶层结成联盟的形式来获得免税特权，甚至脱离国王或者皇帝的控制。

在西方，贵族享有免税特权，是因为贵族认为自己在以鲜血来进行纳税。贵族经常要跟随国王去打仗，打仗的费用还经常要由自己承担，所以就不应该再缴纳其他的税了。贵族不纳税的主要原因还是贵族势力强大，经常能联合起来迫使国王赋予他们免税的特权。教会和高级教士通常也会获得免税特权，因为他们认为在服务上帝，服务上帝的人怎么还要纳税呢？教会和高级教士通常拥有巨额的土地和财富，还掌握着俗世灵魂进入天堂和地狱的权力（那个时代所有人都很在乎这种事情），所以通常也能迫使国王赋予他们免税的特权。免税特权的存在反过来又更加有利于他们在土地和财富方面的积累。

> 特权者之所以规避或拒绝税收，不仅仅因为税收损害其财产，还因为纳税会削弱他们的地位；税收是平民身份的标记，也就是古老的奴役地位的象征。因此，他们之所以抗拒国家税收，既是因为利益，也是因为骄傲。
>
> ——［法］伊里波特·特纳，1875 年

在我国古代，对文化人很尊重，所以文化人通常也不纳税。开科举之后，一般中了秀才的，就可以免除赋税和徭役。秀才以上的举人、进士就更不用说了。所以，努力考取功名也是避税的一种方式。江浙一带为什么读书人多呢？估计同江浙自宋元以来经济越来越发达，上缴税负越来越多有关。读书获取功名之后，就可以省掉很多赋税。有时候还可以把别人的土地挂靠在自己名下，帮助别人免掉赋税，以此生财。

在古代，也许最常见的避税形式是迁徙。都说中国是一个重土安迁的国度，但是重土安迁的心理并非天生的，那是自商鞅改革之后，为了征税的需要，通过家户制度强制把农民固定在土地上所致。它是一个结果，并非一个原因。而中国的早期时代，建立商朝的商族在立国前曾经迁都 8 次，立国后迁都 5 次。

3. 如何征税

在古代对农业征税，税收负担太重会直接导致农民生存困难，迁徙或者逃跑也是无奈之选。农民逃跑的风险和成本一般来说都很大。很多国家的统治者都会制定连坐制度，农民一旦逃走，税收负担就会落在其他尚未逃走的人身上，所以其他人就有很大的动力来揭发逃跑者。但一旦有人逃跑成功，剩下的人税收负担更重，会带来逃跑的连锁反应，统治阶级镇压还是不镇压，都会给社会生产力造成巨大的破坏。比如中国的里甲制度，每十户编成一甲，每十甲编成一里。一甲里如果有两户不见了，剩下的八户就要承担这两户的税收。如果一甲只剩下一两户，是不是很惨？实际上在王朝末期这种情况并不少见。

随着税收负担越来越重，富人可能会贿赂那些征税官员以免除或者降低自己的税收负担。穷人就会被迫跑路。但是征税官会拷打甚至杀害他的家人、亲戚、邻居甚至整个村庄的人来逼问他的下落或者替其纳税。

所以，理性的统治阶级就需要努力建立一套好的税收评估方法和一套好的税收行政管理体系，让政府在获得满意的收入和保持社会正常再生产之间取得一个平衡。像今天我们所熟知的人口普查，实际上早期就是一种税收评估工具。西方古罗马时代，经常进行有规律的人口普查，以确定下一轮合理的税收量。在春秋战国时期也已经开始进行人口登记，即所谓的"编户齐民"。我们现在已经习以为常地以一对已婚夫妇和其未成年之女组成一户的户籍制度，以及家中儿子成年之后要另立新户的习惯或者说习俗，事实上也是由秦朝商鞅改革时期确定的，"民有二男不分异者倍其赋"，"父子兄弟同室共息者为禁"。而商鞅改革的政策是以魏国以及其他中原国家的现有实践为基础进行的①。

英国历史上非常出名的《末日审判书》，它真实的名字是《土地赋税调查书》，又称《最终税册》，是1806年由英王威廉一世下令进行的全国土地调查情况的汇编，目的在于了解王田及国王的直接封臣的地产情况，以便收取租税，加强财政管理，并确定封臣的义务。《末日审判书》这个名字充分体现了被调查者，也就是未来的纳税人对这件事情有多恐惧，同时这也说明这次调查非常成功。在古代，人口普查和财产普查的内容其实差不多，都包括了人口和财产两方面的情况。

税收行政管理体系，有的国家由国王自上而下控制，这是一种集权体制。有的国家采取分权体制，税收实际上由省一级单位来具体负责实施。在中国，与郡县制配套，很早就采取了集权的税收行政管理体系，但时不时出现的封国采邑制以及像唐朝的藩镇这样的强地方政权，也导致国家经常出现税收征管的分权体制。

在西方，普遍存在的分权征税体系导致了包税制的长期存在。包税制实际上可以理解为国家意识早熟而国家制度晚熟的一种税收体系，其本质是一种税收承包制。

---

① ［美］万志英. 剑桥中国经济史［M］. 崔传刚，译. 北京：中国人民大学出版社，2018.

早在美索不达米亚的汉谟拉比时期（公元前 1792 – 前 1750 年），古巴比伦就已经出现了包税制。当时税务官的职责是全国巡游，监督并确保税收能够被支付。税收的具体征管工作（至少某个时期是这样做的）按照汉谟拉比国王的指导下放给地方长老会议来负责（Assemblies of Elders），这些所谓的"长老"都是地方最富有的人。地方长老会议根据会议决定再把收税的具体事情委托给商人和银行家去做，这些商人和银行家派出他们自己的代理人去收税，同时向政府收取相应的承包费（Contract Fee）。这些商人和银行家就是在扮演包税人的角色。包税制对西方的政治、社会和经济都产生了多方面的复杂的影响。

在之后的历史发展进程中，包税制演变成了一种正式的官方体系"liturgies"。在 liturgies 中任职的官员没有薪水或者只拿很少的薪水，但必须高效地履行他们的职责①。

在公元 2 世纪中期的古埃及，在 liturgies 系统中负责征税的财政官员，如果不能完成征税任务，相应的缺口就需要自己填补。如果他自己无力支付，财产就会被充公以弥补国家相应的损失。

当时之所以能够建立这种 liturgies 系统，是建立在这样的假设基础上的：富人阶层，由于被免除了低下的劳动，应该主动为国家做一些义务工作。所以，这个时候的 liturgies 系统可以视为免费提供税收义务劳动的体系。实际上这些 liturgies 系统中的税务官都是富人，能够从事这种职务本身就意味着某种荣耀和特权。所以，免费的工作并不意味着没有人愿意去做。

在公元前 5 世纪的雅典以及古希腊的其他城市，liturgies 制度有所不同。当时的希腊人不喜欢并抵制任何形式的直接税，因为他们认为直接税是对希腊自由公民尊严的贬损。外籍居民和自由人基于感谢政府赋予他们的特权而可能愿意缴纳人头税，但是作为自由公民的希腊人应该自由地以他们自己的方式来帮助城市。在雅典，可以说公民就是战士，战士就是公民，公民团体实际上是由战士组成的。当时武器装备也都由公民自筹，那些装备费用较多的兵种，比如骑兵和重装步兵，只有最有钱的人才能置办。

---

① David F. Burg. A world history of tax rebellions: An encyclopedia of tax rebels, revolts, and riots from antiquity to the present [M]. Routledge, London, New York, 2004：（序言）3.

> 世界著名的化学家拉瓦锡认识并命名了氧气和氢气，发现氧气在燃烧中的作用，被后世尊称为"现代化学之父"。1769年，拉瓦锡成为法国科学院名誉院士后，向包税局投资50万法郎（拉瓦锡从小就继承了母亲巨额的财富），成为一名包税官，承包了食盐和烟草的征税大权。虽然他很少参与波旁王朝的横征暴敛，但他的包税官的身份在法国大革命爆发之后还是成了他的催命符，更何况他还娶了税收承包商的女儿为妻。1794年5月8日，拉瓦锡和其他27名包税官被全部处死。数学家拉格朗日当时痛心不已地说："他们可以一眨眼就把他的脑袋砍下来，但他那样的脑袋一百年也再长不出来一个来了。"

所以，希腊人的这种因为是公民就认为自己不应该缴纳直接税的想法影响深远，后来欧洲很多国家的贵族主张自己因为保卫公民流血打仗而不应该再纳税的心理都源于此。因此，希腊人比较乐意支付间接税，直接税只有在一种情况时是可以接受的——当公民自己主动向国家捐赠的时候（我们今天称其为第三次分配），雅典人把它叫作 liturgies（可以理解为"公益捐赠"）或者"public work（公益工作）"。也就是说，雅典及其他希腊人认为公民可以自己向国家捐赠自己的财产，也可以花时间做点公益活动，但是不能向他们征所得税或者财产税这样的直接税，那样就是在亵渎公民精神。这同后来的诺齐克的税收观点非常类似。他们认为，征税会让公民变得贫穷，削弱公民自由地、慷慨地帮助整个社区的能力。

这倒是个很有意思的问题——国家强制征税是为了提供公共产品和公共服务，但现代国家的税收行为是不是恰恰又弱化了公民个人的公共精神呢？

公益捐赠的支出主要用于与各种节日相关的重大宗教活动以及戏剧比赛、合唱队和歌舞培训等方面的费用，没有这些公益捐赠，希腊那些著名的悲剧戏剧就不会广为流传。雅典的很多战舰也主要由富人以公益捐赠的形式承担。

公益捐赠起初都是荣誉性和自愿性的，从公元4世纪起，变成了强制性的——最终还是变成了希腊人最初所讨厌的直接税。当然，这不能说情况一定变得糟糕了,自愿捐赠也有一些问题。比如某个富人可能会只对自己感兴趣的项目进行捐赠,比如他喜欢看戏剧,就只捐赠戏剧项目,这样也会削弱公益捐赠的公益性。

公益捐赠主要由富人捐赠,但是如果被指定进行捐赠的富人感觉自己不算真正的富人怎么办呢?雅典为此制定了一个很有意思的"交换法"①。如果被指定的富人不愿意提供捐助,他可以说出谁比他更富有,双方就会列出自己的财产清单,诉诸法庭,看看谁比谁更贫穷。谁更富有就需要承担公益捐赠义务,谁贫穷就可以免除这个义务。这样就能以一种制度化哭穷的方式保证捐赠负担一直都由最富有的人来承担,无形中就起到了调控收入差距的作用。

罗马共和国也采用过包税人制度。罗马共和国的包税商(publicani)可以通过竞拍获得一定期限内的征税权,在此期间向帝国稳定提供财政收入②。公元前1世纪末期,罗马帝国皇帝奥古斯就实施了一次激进的税收改革,用固定的财产税取代了当时的税收制度,同时对各行省征收人头税。财产税与人头税需要对财产和人口进行详细统计,因此,土地的权属关系以及它可能的产出情况就需要进行详细的调查登记,大规模的人口普查也需要定期进行。市政当局就取代了包税商,在税收征集方面扮演了主要角色,因为在新税制下,他们做这些工作更有效率。新税制以规则为基础,具有可预测性,因此有利于社会的发展和繁荣③,征税的需要促进了西方官僚体系的发展。

在包税制的时代,如果国王因为紧急原因,比如战争,急需一笔钱,他可以向那些私人金融家兼包税商紧急借用,以后慢慢用税收去还就可以了。但是,如果国王自己直接建立官僚机构来征税,先不说官僚机构本身的效率与成本问题,首先这种体制就无法有效地满足国王紧急用钱的需要。所以,每当国家需要紧急用钱的时候,要么对民众横征暴敛,加重民众税收负担;要么就只能降低货币的成色,用通货膨胀的办法来获取紧急收入。但是这两

---

① 解光云. 古典时期雅典城邦对贫富差距的制度调适[J]. 安徽史学,2006(04),18.

② Stephen Smith. Taxation: A very short Introduction [M]. Oxford University Press, Oxford, 2015:5.

③ David F. Burg. A world history of tax rebellions: An encyclopedia of tax rebels, revolts, and riots from antiquity to the present [M]. Routledge, London, New York, 2004:(序言)5.

种手段都会带来巨大的甚至不可承受的社会后果,所以,包税制在古代并非一无是处,从包税制走向现代税收制度也绝非一件轻而易举的事情。罗马帝国过早地用中央控制的征税体制取代包税制是导致解体的一个重要因素。

行省贡献了帝国的主要财政收入,但行省不愿意每年都向中央帝国缴纳一大笔钱。到了公元3世纪,为了稳定税收,开始限制个人流动,包括地域流动和阶层流动,确保人民无法逃避税收义务。这种稳定和增加税收的措施却降低了经济的活力,弱化了未来提高税收的能力。中国长期超稳定的国家结构也是建立在小农很少流动的基础上,因为征税需要建立稳定的户籍、土地制度。

从某种意义上说,明朝实行的里甲制度也是一种包税制度。里长、甲首并非帝国的专职税收官员,他们维护地方治安,也分配徭役,按丁纳税,实际上的作用等同于一个里甲(10户为"甲",110户为"里")的税收承包人。当然,他们并不以获取剩余税收为目标,他们期望的回报更多是政治和社会方面的。

(二) 税收在现代社会的扩张

古代税制相对比较简单,主要征税内容限于提供劳动(徭役)、农业产出、土地和货物等几个方面。但是税收体系很快就设计得越来越复杂了(有利于国家收入最大化的事情总是相互学习得最快),到了19世纪,几乎所有可以想象到的人类活动以及消费行为都被纳入征税范围了。

在1815年的英国,直接税就已经包括了对土地、房屋及构筑物、所得、遗产、保险财产、拍卖财产、长途客车与的士、轮船吨位等;间接税涉及的物品名单更长:盐、糖、小葡萄干、葡萄干、胡椒粉、啤酒、麦芽、啤酒花、葡萄酒、烈酒、茶叶、咖啡、煤和石板、木料、药棉、生丝、靛蓝、钾碱、铁条、毛皮、大麻、皮革、肥皂、砖瓦、玻璃、蜡烛、纸张、印刷品、报纸、广告、烟草以及其他物品①。除此之外还有各种印花税。1815年,英国已经成

---

① David F. Burg. A world history of tax rebellions: An encyclopedia of tax rebels, revolts, and riots from antiquity to the present [M]. Routledge, London, New York, 2004: (序言) 5-6.

了"税收国家"①，这些税收主要用来资助同法国的战争。

英国给现代世界留下了很多遗产。时至今日，我们的税收可以统揽天上地下之物，纵贯从生到死的整个经历，涉及一切喜怒哀乐之事，英国是一个做出了开创性的、不可磨灭贡献的国家。

税收也是指明灯，指明了我们在历史上与现在所有喜好和必需的东西。直接税通常指向我们所必需的东西，而间接税通常指向我们所喜好的东西。如果想窥探人类喜好的发展史，税收绝对是一个很特别的视角。所税之物很多都是让你感觉到愉悦之物，不管是看到的、听到的、闻到的、感触到的。

这有助于理解直接税相对于间接税为什么通常更不受欢迎，尤其是所得税。因为所得税的纳税额度纳税者都很清楚，而且每隔一段时间（通常一个月）来一次，每次感觉都是只有付出没有回报。

间接税则不同，一般不消费的时候就不用交税，而消费的时候通常自己也并不清楚到底纳了多少税，消费带给自己的快乐又能抵消一些纳税带给自己的不悦。

但是，如果措施得当，所得税的征收对于提高整个民族的责任精神和团结精神非常有益。如果能够征收较多的所得税，通常意味着国家的经济比较繁荣，人民收入增加，富人贡献了较多的税收，穷人的税收负担较轻，这些都有利于社会团结和经济发展。而且，征收较多的所得税也意味着政府可以降低包含间接税商品的价格，降低整个社会的生活成本；政府还可以提供更多的公共物品和公共服务，提升整个社会的幸福感。

---

① 奥地利著名经济学家提出了"领地国家"与"税收国家"的概念。前者是一种封建税制，国王的税收有两个来源：一个是自己领地上的收入，一个是来自其他领主的进贡。后者是一种国家税制，国家主要向其臣民收税。一般认为，从"领地国家"向"税收国家"的转型奠定了欧洲近代国家的基础。

三、税收结构：对所得征税还是对支出征税？

托尔斯泰曾经说过一句名言：幸福的家庭是相似的，不幸的家庭各有各的不幸。那么，因征税对象不同（对所得还是支出征税？对人还是对行为及财产征税等）而形成的税收结构会不会对一国公民的幸福也会产生不同的作用呢？换句话说，一国公民的幸福同征税对象的不同有着怎样的联结呢？

有人说，如果在生产环节征税，将遍地是工厂；如果在消费环节征税，则遍地是商场。这句话体现了另一种意义上的税收结构对地方政府和市场主体的强大影响。

扩大直接税的比重涉及对所得征税；在消费环节征税，涉及对支出征税。相对于税收负担的高低，很多人不一定理解税收结构对个人生活、社会关系、经济活动产生的巨大影响。司马迁曾言，"渊深而鱼生之，山深而兽往之"，税收结构可以决定人类社会何处为"渊"，何处为"山"，更能决定其"深"的程度，自然可以极大地影响人类活动及各自幸福的程度。从某种意义上说，税收结构问题比税收负担问题对社会影响更大，追求税收公平与共同富裕都要考虑如何优化税收结构。

税收结构在很多国家看起来差异很大，却又有着某些相同的要素，比如基本上都会包括个人所得税、营业税（sales tax，也被翻译为销售税，但是很多国家的营业税和销售税并不完全相同），公司（利润）税等。这些看起来名字基本相同的税收实际上存在着巨大差异，比如所适用的税基（指征税的具体对象，虽然都是针对所得征税，但是对所得界定的不同就会导致巨大的税负差异）和税率的不同。况且各国在税收法律和具体的税收实践之间还有巨大差异，这对于准确理解不同国家的税收制度产生了很大阻碍。下图为税收的分类。

一个国家现有税收制度是长期演化的结果，税收制度初创（或者引进）之后，会因政治压力、政府收入需要以及各种实践条件的影响而不断被修改。旧的税收制度最主要的目标是让政府能够存活下去，现代税收制度要考虑更

第一篇 税收哲思与良税建构

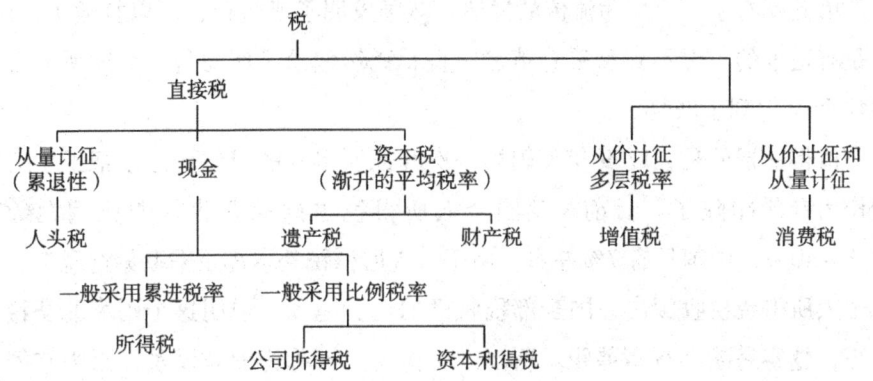

税收的分类

（资料来源：詹姆斯和诺贝斯（James and Nobes），2012，第15页①）

多的因素，比如某种税收工具可能在获取收入方面非常有效，成本又低，但仅仅因为存在政治风险就不会采用它。大部分新税收诞生时，一般都有清晰的目的、良好的思路，但随着时间的推移，各式各样的癖好和期待都叠加之后，就变得面目全非了。因此，每个国家的税收制度总是容易走上一条不幸之路——就像托尔斯泰所说的不幸的家庭②。

（一）对所得征税

所得税是一个普遍存在的税种，在OECD（经济合作组织）国家约占总税收的1/4。但是所得税出现的时间并不早，个人所得税第一次出现在英国是18世纪（1799年6月开始征收，1802年停征，1803年又开征，1816年又停征，这一次连所得税的卷宗都被烧了，以防止再次恢复③），当时只是作为筹集收入的临时措施，因为与拿破仑的战争急需提高政府的财政收入，打败拿破仑后很快就被废除。虽然所得税当时在英国争议不断，但是到了1815年，所得税已经占全国总税收的21%，在英法战争中为英国提供了巨大的财力支

---

① James, S., Bobes, C. The economics of taxation [M]. Fiscal Publications, Birmingham, 2012：15.
② Stephen Smith. Taxation: A very short Introduction [M]. Oxford University Press, Oxford, 2015：12.
③ 据说点然卷案的大臣保留了一份所得税收记录的复制本，后来又派上了用场。

27

持，因此就有了一个广为流传的说法：英国发明了所得税，所以打败了法国。这是有道理的。想不到拿破仑英名一世，竟然败给了所得税。英国所得税在1842年又得到了恢复。

值得一提的是，1799年英国第一次开征所得税的时候，已经把子女抚养费作为专项扣除了。目前，英国个人所得税占国家总收入的比例大约是30%~40%，中国只有7%左右。由于个人所得税基本都是采取累进税率，因此个人所得税税收额占一国全部税收额的比例越大，说明这个国家的征税越公正，越容易缩小贫富差距。所以，所得税又被称为罗宾汉税，因为它能像罗宾汉一样劫富济贫。在英国，大约42.6%的人，因为免征额的原因月收入不用缴纳个人所得税。在其余的3100万纳税人口中，最富有的30万人，大约只占0.4%英国人，却担负着整个英国约1/4个人所得税的收入，其劫富济贫的作用非常明显[1]。

但并非所有国家的个人所得税都具有劫富济贫这种再分配作用。由于对所得的界定不同，对何种所得征税、何种所得不征税（税基）不同，以及适用的税收比例不同，各个国家的所得税差别很大。

一般个人所得税当中的所得主要指工资薪金所得，但是有些国家把租金收入和储蓄所得的利息收入也视为所得，有的国家还把政府所发的退休金计入所得。在中国，如果把房屋出租收入和其他租赁收入也视为所得的来源，估计个人所得税收入占总税收收入将会提高很多。而目前中国的个人所得税实际上相当于工薪所得税[2]。

并非所有的所得都如上面这般让人容易理解。比如，如果公司免费给员工提供汽车，免费提供住房，免费提供午餐，免费提供旅游，那么这些算不算个人所得呢？实际上这些在中国一般视为福利，不会计入个人所得。但是在有些国家这些也会被计入收入，因为对于个人来说，这些福利都是应支未支收入，同工资薪金收入也没有太大差别，所以也应该计入应税所得之中。

很多国家，都不会对所有的所得部分进行征税，会有一个减免或者抵扣。

---

[1] 张李荣. 英国近半数人不缴纳个人所得所. [EB/OL]. 大众传媒网，2019-09-10.
[2] 按照《个人所得税法》的规定，财产租赁所得属于个人所得税的征税范围，但实际中的房屋租金收入很少纳税。

比如各种贷款利息支出，劳动者为了工作所买的衣物和其他工具的支出（比如必需的电脑、打印机等），通勤支出，以及工作所需的各种保险支出等。在美国，甚至某些东西被盗了，也要按照被盗物的同等价值进行税收抵扣，因为这也等于收入减少了。奇葩的是，在美国，赃物和非法活动的收入也得纳税。

对于夫妻的收入是联合申报还是分开申报各个国家的规定也不相同。中国的个人所得税真的是"个人"所得税，按照夫妻各自的收入进行征税，事实上这会造成某种不公平。比如，一对夫妻双方月工资都是5000元，按照目前的个人所得税规定，双方都不用纳税。但是如果一方没有收入，另一方月入10000万元，则肯定需要纳税。英国很长时间内对于夫妻的收入都是按照一个单一的收入来计税的，妻子的收入实际上都是算在丈夫头上，一直到1990年，英国才改变了这种做法，允许夫妻分开计税，但是夫妻要付同样的税率，不管各自收入多少。这同样有道理。在中国，根据《中华人民共和国婚姻法》的规定，婚姻存续期间的收入视为共同收入，也就是说，双方的收入不管工资薪金有多么的不同，但是实际上等于双方的收入是一样的，所以计税的时候不看个人收入，只按照总收入一人一半计算应纳税额也很合理，这样能充分体现男女平等的原则。

税基确定之后，税率就成为影响税收的一个重要因素。很少有国家对个人所得税适用一个简单的比例税率，比如不管收入多少，都适用20%的比例。

2000年前后，部分国家开始追求这种简单粗暴的税收方式。比如俄罗斯，它的个人所得税从2001年开始，就只有一个单一税率13%[①]。更多国家的情况是，把公民的收入切割成很多块，每一块适用不同的税率。因为这些税率从低到高逐步提升，因此也被称为累进税率。

比如英国，目前为基本税率、高税率、附加税率3级税率，美国则为6级累进税率，而日本则为7级税率，7级累进税率分别为5%、10%、20%、23%、33%、40%、45%。税率最多能达到多少个级别呢？美国曾经达到过56级！最高税率能有多高呢？英国的最高税率曾经达到83%（1978年），不过这还不是最高的，美国最高的边际税率曾经达到94%（1944年，而且从1946—1964年最高税率一直保持在91%）。

---

① 另有两档补充税率。比如，股息收入所得税率为9%，特定类型的非雇佣收入税率为35%，例如超过《俄罗斯联邦税法典》相关规定的竞赛奖金收入和博彩收入实施35%的税率。

在经典电影《肖申克的救赎》中，越狱逃跑的主人公安迪是1947年进去的，1966年出来的，恰好是美国历史上个人所得税税率最高的时代。明白了这个时期的美国税率，就可以很好地理解那个腐败监狱长诺顿为什么轻易地被安迪说服要帮他理财避税了，结果被安迪越狱时顺走了37万美金的巨款（折合现在上千万美金）。

最高税率之所以能达到80%甚至90%之高，这同时代的公平观念有关。当时世界处于战争的阴影之下，所谓有钱出钱，有力出力，无数的年轻人都送到前线了，富人多纳税是应该的。但是对于个人所得税来说，到底是同一比例税率公平还是累进税率公平却是一个长期争议的话题。目前来说，让富人纳更多的税，以此缩小贫富差距的累进税率占了上风，所以大部分国家都采取了超额累进税率的方式征收个税。关于这个话题，后面还会做更深入的分析。

从广义上理解，实际上各种社会保障收入也属于个人所得税，比如养老保险、失业保险和医疗保险等。虽然这些社会保障收入的形式看起来主要是雇主在缴纳，但是实际上也等同于从员工收入中扣掉，本质上也是一种所得税。在法国，以社会保障形式获得的财政收入甚至达到所得税的两倍之多。社会保障税与个人所得税最大的区别在于社会保障税看起来直接返还给了个人，但是个人所得税与个人因为纳税而获得的收益之间的联系就远没有那么直接。为什么会说社会保障税是"看起来"直接返还给了个人呢？比如失业保险，如果你没有失业，或者失业了没有去领取失业保险，实际上这笔钱和你没有关系。

（二）对支出征税

税收应该对收入征税还是对支出征税，是税收领域长期争论的焦点之一。多数国家对收入和支出都同时征税。对支出征税而形成的税种通常包括一般消费税、车船税、燃油税、烟酒税等。中国过去在购房时要交营业税，实际上也是一种消费税。当然，最大头的消费税是包含在绝大部分商品价格里面的增值税。

增值税诞生的历史比较晚，1950年诞生于法国，20世纪60年代后期在欧洲共同体被广泛采用[1]。这种税收应该说是近代以来最成功的税收，它现在

---

[1] Stephen Smith. Taxation: A very short Introduction [M]. Oxford University Press, Oxford, 2015: 21.

不仅被几乎所有的 OECD 国家所采用，而且还被很多发展中国家所采用。在中国，增值税是第一大税种，随着营改增的进展，其在总税收中的比例还会继续提高。但是美国没有引进增值税。

增值税几乎适用于所有形式的商品和服务。一般消费税通常在商品的最后销售环节以及服务提供环节征收，但是增值税可以对所有环节的买卖行为进行征税，包括企业对企业，企业对个人。只要有商品和服务买卖，就意味着有价值增加，增值税就是对这部分增加的价值进行征税。

可以这样理解增值税：虽然从形式上来看，一个企业通过管理者和员工的共同努力把 100 万元的原材料变成了 200 万元的产品，但是政府可能认为在这些产品形成的过程中它也参与了价值的创造，比如提供了安全和秩序，提供了道路、水电等基础设施，因此也应该从这些商品的价值实现过程中以税收的方式获得自己应该得到的那一份。

增值税还有一个显著的特征是，一个企业购买其他企业商品和服务时所支付的增值税可以在自己销售商品和提供服务的时候进行抵扣。比如，A 企业向 B 企业购买 100 万元原材料的时候，支付了 17 万元的增值税（如果按税率 17% 来算），它销售商品的时候价值是 200 万元，那它就需要支付 34 万元的增值税，但是由于它购买原材料的时候已经向 B 企业支付了 17 万元，所以它实际上只需要支付 34 万元－17 万元＝17 万元的增值税。其实这也就等于对商品的增值部分 100 万元征收了 17% 的税率。这样环环相扣的征税方式在很大程度上避免了逃税的可能，所以受到了很多国家的衷心拥护。实际上，所有中间环节的增值税，实际上最终都由消费者来买单，增值税本质上依然是一种消费税。

> 我国的增值税的税率最初为什么是 17% 呢？（2019 年之后依据行业不同分别采用 13%，9% 和 6% 的税率）这个比例又不方便计算，有什么特殊的原因吗？实际情况可能同英国有关。英国在 1970 年引入增值税的时候，选择了一个非常容易计算的税率 10%，但是到了 1979 年之后，由于英国开始降低直接税比例从而相应地增加间接税的比例，增值税税率飙升到 15%。1991 年之后，政府要减少支付给地方当局的社区税，为了弥补这种税收上的减少，

> 增值税税率就上升到 17.5%，不久，社区税被废除，然而，增值税 17.5% 的税率却被保留了下来。很明显中国的增值税税率参考了这个数字。这个数字对于计算来说非常不方便，但是它是人们已经熟悉的一个数字，就是为了这个原因它被保留下来。历史就是这样，你以为神奇的东西，往往并不神奇。

可能有人会问，那为什么不在最后一个销售环节征税呢？为什么要搞这么多环节进行征税？这就涉及很多问题了。首先，生产和销售可能在不同省份甚至不同国家，只在最后一个销售环节征税，工厂所在地的政府就征不到税了。其次，就算生产和销售都在同一个行政区域内，多环节征税也有利于政府持续稳定地获得财政收入，从而能够保持正常的财政支出。就像我们为什么是每月领工资，而不是一年领一次一样。还有，如果只在最后一个环节征税，会显得税率太高。

很多国家的增值税都有一个标准税率，适用于大部分商品和服务，但通常还会有一个打折的较低税率，适用于一些特定的商品和服务，诸如农产品、食品、家用能源、报纸书刊等。比如法国增值税的标准税率是 20%（2014年），但是公共交通、酒店住宿、文体事项适用打折 10% 的税率，而食物、自来水、书籍等适用更优惠的 5.5% 的税率。丹麦只有一个标准的增值税税率 25%，适用于所有的商品和服务。一个国家的公民认为应该区别对待的事情，在另外一个国家却认为应该同等对待[①]。

为什么美国成功地抵制了增值税的诱惑呢？美国也征销售税（Retail Sales Tax），但只在零售环节征税，也就是说商品销售给个人的时候才征税，企业与企业之间的买卖行为不征销售税。而且销售税由州和地方政府征收，联邦政府不征收。这里面体现的精神是：我州的人民为商品买单，他们才是税收负担的最终承担者，所以由该州来征税才最合理。但这里面也有一个不好操作的地方：超市卖给企业商品和卖给个人商品因为一个含税（销售税），另一个不含税，超市必须要做出一个商品的区分，可是超市没有理由和动力去做

---

① Stephen Smith. Taxation：A very short Introduction［M］. Oxford University Press, Oxford, 2015：23.

这件事情，税收当局也难以监管到位。所以这种销售税的税率不可过高，否则美国这种特色的双轨制也会导致各种倒爷帮助逃税。

消费税（Excise Duties）在很多国家历史上曾经起过很重要的作用。"excise"就是切掉一块的意思，从你购买商品和服务的支出当中切掉一部分作为税收，是不是很形象？目前进口关税依然是很多发展中国家比较重要的消费税之一，因为很多发展中国家还没有能力在国内建立复杂有效的其他税收体系，而且这个时候国家的进口通常大于出口，一是征关税可以保护国内产业；二是征税成本相对较低（设几个口岸就行了）；三是可以实现对某些高价值产品征税，一定程度上也等于向富人征税。所以关税对于发展中国家来说优点是显而易见的，虽然征收关税会面临着抬高物品价格，增加国内公民的生活成本，以及关税壁垒的压力。关税过高还会导致各种走私行为，各种非法生产行为，以及公民可能更喜欢购买国外的商品，产生崇洋媚外的心理等。

大部分发达国家的消费税现在只适用于少部分商品，主要包括汽车燃料、机动车、烟酒等，实际上变成了一种环境税，而且税率通常很高。英国对烟草征收的总税率（增值税+消费税）可以达到零售价的80%，汽油可以达到60%以上[1]。税率很高的税种，为了便于监控逃税行为，征税环节应该尽可能前移，这样纳税对象就会少很多，容易监督到位（比如燃油税只需要对少数几家炼油企业进行监控）。但是，这样的企业通常会有更多的手段来避税和逃税。

（三）对企业征税

对企业征税分两种情况：一是名义上对企业征税，实际上企业只是替国家代为征税，并非企业自身在纳税，比如员工的个人所得税、社会保障税等。再如销售税，实际上是消费者负担的，但通常由企业来汇缴。二是被认为实际是在向企业收税：对企业的利润征税，有的国家称为公司税，有的国家称为企业所得税。

对于企业所得税，很多人只关注税率而忽视税基，即到底何为企业所得

---

[1] Stephen Smith. Taxation: A very short Introduction [M]. Oxford University Press, Oxford, 2015: 24.

或者利润，实际上如何界定企业利润对企业实际的税收负担影响更大。如果允许更多的支出纳入成本，那么企业的利润就会降低，税收负担也会降低，反之，企业税负就会上升。由于吸引国际投资和增强企业竞争力的需要，各国在税收改革中一般都会努力想办法降低企业所得税税率，因此，企业所得税税率的制定是一个复杂的问题。

企业尤其是大企业会经常利用复杂的公司组织体系进行合理避税，比如把在高税率地方公司获得的收入想办法转移到低税率地方公司的账户之中，以达到降低税负的目的。世界上存在一些专门为这些公司服务的所谓"避税天堂"。这些地方包括卢森堡、爱尔兰、瑞士、荷兰、新加坡、百慕大、英国加勒比领地。根据一家英国机构 Tax Justice Network 的调查统计，全世界主要国家为了避税而转移到避税天堂的总资产在 2010 年底大约有 21 万亿美元，这相当于当时美国和日本的 GDP 之和。

> 避税天堂是导致欧洲经济危机的核心原因，但没有人知道该如何打击他们。
>
> ——［法］加布里埃尔·祖克曼

（四）其他税收

还有一些税收是对拥有和转让有形财产以及无形财产进行征税，对财富和继承遗产征税，对自然资源的使用和对破坏环境的行为进行征税，对国际贸易征税等。

对有形财产进行征税最古老的税收形式之一[①]。比如对土地和房屋征税。这些财产通常很容易界定，而且为了交易安全，土地和房屋的所有权及交易都会存有公共记录，很容易确定谁拥有这些财产。财产税一般由地方政府征收，因为土地和房屋的价值事实上主要同地方政府提供的各种公共服务密切

---

① Stephen Smith. Taxation: A very short Introduction [M]. Oxford University Press, Oxford, 2015: 27.

相关，实际上是土地和房屋所在地的交通、治安、教育、医疗、环境等决定了土地和房屋的价值，而这些公共服务绝大部分都是由地方政府提供。所以财产税主要以财产价值为基础征收，并非主要以财产的物理大小来征税。法国曾经规定，如果国民拥有的房屋的净价值超过130万法郎，要交0.5%~1.5%的财产税。其实中国的房产税也可以按照这个思路征税，不用考虑几套房，只考虑房产净价值。

土地及房屋转让的时候政府通常也会征税，各国在税收的具体名称上可能有所不同。有的国家会对这些财产的转让征收印花税。印花税以及其他的税收还会在买卖股票、证券的时候被征收。

对遗产征税也有长期的历史。征收遗产税的原因也很多，为了防止下一代社会创造财富的动力下降就是一个看起来很正义的理由。但征收遗产税要考虑怎么防止当世这一代人的财富创造动力下降——如果自己的财富不能传给下一代，我为什么还要努力创造财富呢？

如果一些国家拥有丰富的自然资源，就可以通过税收（资源税、特许税、营业执照费等）以及直接国有化获取国家所需要的绝大部分收入。很多产油国的政府支出非常庞大，比如我们熟知的沙特阿拉伯，就是因为石油带来的巨额收入，成为"头顶一块布，天下我最富"的中东石油富豪形象代言人，皇室支出以及政府支出大手大脚。2015年萨勒曼国王登基，一次就向全国公民派发了价值210亿英镑的红包。这些富得流油的国家，在国内对个人的所得和支出通常只征很低税率的税，海湾的很多国家甚至根本就没有所得税。

"富得流油"这种情形对国家到底是福还是祸也很难说。当一个国家轻而易举就能获得巨额收入的时候，就很难再投入巨大的精力和财力去搞实业和创新。这方面挪威政府的做法通常被作为一个正面的典型案例。挪威实际上也是盛产石油的国家，但是挪威政府和公民非常警惕，从一开始就把石油的大部分收入放入公共预算，和其他的税收收入一起使用，一起接受公民的监督。这样就保持了公民勤劳致富和勇于创新的精神，不至于坐吃山空。英国和荷兰也采取了类似的办法。海湾国家最近几年也开始意识到完全依赖石油获取国家财政收入的危险性，开始努力转型，发展多元经济体系。

四、谁在纳税，谁应该纳税

没有任何别的事情比规定臣民应该缴纳多少和保留多少更需要智慧和谨慎了。

——［法］孟德斯鸠．论法的精神（上）［M］．许明龙，译．北京：商务印书馆，2009.

谁在纳税、谁应该纳税的问题，实际上就是税收负担问题，这常常成为税收争论的核心。一方面，我们总是想出很多理由证明别的群体应该承受更多税收负担而自己所在的群体应该少纳税；另一方面我们通常会尽力证明（幻想）自己已经缴纳了不成比例的高税收而别人尤其是富人却在尽力逃税。

路易斯·爱森斯坦曾经写了一本书名为《税收意识形态》，他认为，我们的税收体系，反映了我们为了支付最少税收这样的特权利益而进行的持久性斗争。也就是说，现有税收体系不是基于我们为了公共利益最大化而理性设计出来的结果，而是各个利益群体都尽力想让自己交最少的税而与别的利益群体持续斗争的结果。当然，任何群体一般都不会去努力论证自己应该少纳税，这样会降低自己的道德底线、缺乏责任感，而是努力去论证别人应该多纳税——在税收总量不变的情况下，别人纳税多了自然自己就纳税少了。由此，就形成三种税收意识形态：

（1）能力意识形态（the Ideology of Ability），宣称收入多的人应该多纳税，所谓能力越强责任越大；

（2）阻吓意识形态（the Ideology of Barriers and Deterrents），宣称向富人征税会阻碍经济的发展，言外之意就是富人拥有财富越多才会越有动力推动经济发展，其实这种意识形态还有一层想表达的意思是经济发展主要是靠富人推动的；

（3）平等意识形态（the Ideology of Equality）要求同等情况同等对待，不同情况区别对待①。不管支持哪种意识形态，背后都有希望别人多纳税而自己少纳税的意图。

税收意识形态主要是从话语上来论证别人应该多纳税而自己应该少纳税，那么实际上谁纳税多谁纳税少呢？这其实是一个永远难以弄清楚的问题。比如，如果别人问你一个月交多少税？你会是什么反应？你可能马上想到你那可怜的工资收入吧？或者，也许你月收入在扣除五险一金及其他应予抵扣的收入之后超过了5000元，那你可能真的在纳税了，虽然你平常关注的只是实发工资。但是，就算通过详细研究你的工资条之后，弄清楚了你每个月纳税是多少，这也只是个人所得税。而个人所得税在中国占总税收的比重10%都不到（占总的财政收入比例更低，总的财政收入里面除了税收收入还有非税收收入）。那么其他绝大部分税收是如何征收的呢？

（一）纳税人和负税人

你可能会认为，向谁征税谁不就是实际承担了税收负担吗？如果向农民征税，那么农民原来收入应该是10000元，但因为纳税（交公粮）可能现在收入就剩下9000元了；如果向一个店主征税，那店主的生活质量可能也比不征税的情况下降了不少。实际情况远非如此简单，实际的付税者可能和缴纳税赋的人相隔十万八千里。

比如，美国政府向农民征税5%，那么美国农民可能会把这5%的税收包含在价格里面，也就是加价5%把农产品卖出去，比如卖到非洲，那么美国农民就是纳税人，但实际上远在非洲买农产品的人才是最后的负税人。如果因为市场竞争激烈，美国农民无法提价销售，仍然以原价销售农产品，那么这个时候美国农民既是纳税人也是负税人。所以，判断谁是最终负税人，可以从"谁因为税收生活水平下降了"这个角度来观察、思考和判断②。

税收的影响是复杂且多方面的，会影响到市场中物品、劳动力及资本的

---

① Louis Eisenstein. The Ideologies of taxation ［M］. Harvard University Press, Cambridge, London, 2010.

② Stephen Smith. Taxation：A very short Introduction ［M］. Oxford University Press, Oxford, 2015.

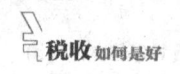

需求与供给，从而影响到价格、工资和利率，这些经济要素的调整又会影响到谁来纳税的问题。比如 A 公司的利润下降了，B 公司的利润上升了，那么 B 公司看起来可能就比 A 公司纳税多了；同时，实际承担税收负担的人也可能会随之发生变化。

无论是对买方还是对卖方征税，所产生的实际影响可能是一样的。比如房屋买卖，如果价值 200 万元的房子需要缴纳 6 万元的印花税（或者营业税），如果对卖方征税，那户主就可能会把房价涨到 206 万元出售，但是如果对买方征税，虽然房价依然是 200 万元，但是买方实际上还是支付了 206 万元的成本。从经济的角度来看，所产生的影响是一样的。但是从社会和政治的角度来说，对买方和卖方征税会有很大的不同。有些地方政府会对纳税大户进行奖励或者在积分入户方面加分，这种情况下税收记在谁身上就很重要了。而且，政府通常会比较重视保护纳税大户，但纳税大户却不一定实际负担了这些税收。

政府通常会如何选择征税方呢？实际上政府很少会考虑到税收负担最终会由哪方负担。政府通常考虑的是对哪一方征税更加便利、征税成本更低、偷税漏税可能性更小等，往往能通过企业征税就不通过个人征税，因为企业数量要比个人数量少得多。实际上我们在购买很多物品和服务的时候已经缴纳了很多税，但为什么我们不易感觉到呢？因为税收通常由相应的企业替我们把税交了，税收包含在商品价格里面。

有些税收永远无法厘清到底谁是真正的负税人。比如公司利润税（或者所得税），实际承担负税的到底是股东、管理阶层、员工还是客户？不管怎样，公司肯定不是最终的负税人，税收负担必然以这样或者那样的方式和途径转移到个人身上。比如，因为税收，股东分红可能少了，员工工资可能下降了，顾客买了更贵的商品等。最终承担税负的必然是个人。

但是对公司利润征税还是会对经济活动产生重要的影响，这会影响公司的储蓄和投资，进而影响其他公司的供给和需求，甚至最终影响劳动力市场和产品市场的供求变化。

有些人认为，对公司利润征税实际上就是对股东征税。因为企业实际上是股东的企业，对企业征税就等同于对股东征税，因此要求对股东个人的所得进行税收减免，否则就有双重收税之嫌。

有些人认为，对公司利润征税实际上是在对员工征税。证明这一点有两条路径。一是很多公司界定员工工资总额的时候，通常是把工资总额同企业利润关联起来的。比如一个公司可能会把公司利润的40%作为工资总额。假如公司赚了1000万元，那么员工工资总额就是400万元；但是如果公司缴了25%的公司所得税，相应的员工工资总额就只有300万元了。二是很多地方企业为了吸引更多的资本而在全国甚至全球范围内展开竞争，如果企业所在地的税率相对较低甚至没有所得税，那么该地就能吸引到更多的资本进来，而且这些税收如果不被政府征收，也可以转化为企业的资本，从而更好地促进经济的增长，相应地促进工资的增长。

（二）税收负担的分配

通过前面的分析我们大致明白了以下事实：所得税和薪资税主要由员工负担，销售税主要落在了消费者的头上，公司利润税的具体负担情况有点复杂和模糊，但公司利润税必定会通过多种方式最终影响员工的工资水平。

那到底每一个纳税人实际承担了多少税收呢？家庭和个人之间的税收负担又是如何分配的？最为重要的问题是，税收在穷人和富人之间应该如何分配？又为什么要努力搞清楚税收负担这个事情呢？

第一，事关公平。税收不仅仅是财政收入的手段，其本身也可能是目的。所以税收政策的设计经常需要在公平和效率之间做出权衡。比如个人所得税，如果只对工资薪金收税，成本就会很低，因为这些收入很容易监控到，而且税收可以源头代扣，即单位发工资的时候就帮税务局把税扣掉了。但这样容易导致税收负担大部分都落在了中低收入者身上，因为高收入者的收入来源通常更加多样化。所以，有些时候为了让税收负担更加公平，税收体系的设计可能就会牺牲一些效率，反之亦然。

第二，在很多国家，因为政治竞选的需要，政治家必须知道税收政策最终会对哪些人产生什么样的影响，这样才能通过税收政策取悦自己想取悦的群体，以免不小心激怒了支持自己的选民和群体。

在税收负担的分配上最终就形成了两种风格，或者说两个特别的名字——累进税制和累退税制。累进税（progressive）就是随着家庭收入的增

加，税收占收入的百分比也在增加；比如收入10000元的时候，纳税1000元，收入20000元的时候，纳税3000元；税收占收入的比例就从10%上升到了15%，这种税收就是累进的。而累退税（regressive）的特征就与此相反：收入越低，税收占比越高。一般认为，累进税会对富人不利，让富人纳了更多的税，实际上结论并没有这么简单①。

但很多国家已经形成了这样的认知，因此绝大部分国家的个人所得税都采取了累进税制，很少有采用单一比例税制。累进税制被认为减轻了穷人的税收负担，从道德的角度可以说体现了税收对穷人的某种关怀。但更重要的是，无论统治者如何多征税，也必须保证社会最底层人的社会再生产，必须保证最底层人的最基本的生活和生产需要，否则最终可能无税可征。

与此相反，销售税的负担分配倾向于较少的累进性，甚至采取累退模式。累退的具体情况要看家庭之间支出模式的不同，以及不同物品和服务所适用的不同税率。直接税是把税率直接应用于家庭的收入，同直接税不同，间接税的税收负担同家庭收入的关系是通过富人、穷人支出模式的不同来实现的。累退性一定程度的上升可能是因为最贫穷家庭花费更多而储蓄更少，也可能是因为一些较为贫困的家庭在某些税率较高的日用品方面消费高。

家庭的收入和支出结构通过大规模的统计是可以弄清楚的，它有一定的规律。把一个国家相关税收的税率同收入和支出结构进行相乘，就可以大致估算出家庭总的税收负担。一般情况是，穷人家庭的间接税支出方面占比会比较高；富人家庭其间接税的支出会降低，但是直接税的支出会上升。

明白这一点的意义在哪里呢？富人纳税并没有想象的那样高，穷人纳税也并没有想象的那样低，因为在基本的吃穿住用行方面，大家的税率都是一样的。

在间接税为主的国家，比如中国，这一点会更明显。如果蛋糕适用的税率是13%的增值税，假如一块蛋糕是10元，每个人每天吃一块蛋糕都会缴纳1.3元的税收，不会因为你是富人或者穷人而有所区别。

上述事实提示我们，对于税收负担的理解要采用一种整体性的观点，不能只关注某一种税或者某几种税。当我们需要特别关注税收对某个群体的影

---

① Stephen Smith. Taxation：A very short Introduction [M]. Oxford University Press, Oxford, 2015.

响时，更要把直接税（主要对所得征税）和间接税（主要对商品征税，比如增值税、销售税）放在一起考虑。否则一种税收的累进效果可能就被其他税收的累退效果抵消了，税收政策实现不了相应的目标。另外，税收上缴之后，总要采取某些方式支出。财政支出会对社会的各个群体提供各种各样的支持，比如对低收入家庭会提供各种社会保障、补贴和补助，高收入家庭同样也会从财政支出中受益，比如买车的时候可能会享受购车补贴等。如果把每个家庭甚至每个人从财政支出中的获益减去每个家庭每个人的纳税支出来计算纳税的净收益或者净负担，那么，这个问题的最终答案几乎无法完成。

政府对谁征税，对什么征税，怎样征税，税率定高一些还是低一些，除了要考虑征税效率之外，还要考虑税收对社会道德的影响，不同的税收形式对社会道德的影响各不相同。

（三）高关税会导致走私盛行

马克思曾经引用英国工会活动家、政论家托马斯·约瑟夫·邓宁格一段让我们耳熟能详的话：如果有 10% 的利润，资本就会保证到处被使用；有 20% 的利润，资本就能活跃起来；有 50% 的利润，资本就会铤而走险；为了 100% 的利润，资本就敢践踏一切人间法律；有 300% 以上的利润，资本就敢犯任何罪行，甚至去冒绞首的危险。所以，关税税率不易过高，因为关税税率过高则会人为地制造了高利润，违法冲动和违法行为就会增多，打击违法的成本也会急剧上升。

例如，曾经的空姐李某某因为走私化妆品一审被判 11 年。据检方指控，2010 年 8 月—2011 年 8 月间，李某某与其男友共去韩国 46 次，以客带货方式从无申报通道入境，均未向海关申报，共计偷逃海关进口环节税 113 万余元（后认定为 109 万余元）。个人一年之中走私化妆品都能逃税 109 万元，税率到底有多高呢？对于较高端的化妆品来说，要收 30% 的消费税、17% 的增值税以及关税。关税的税率取决于消费品来源国，如果享受最惠国待遇是 10% 的关税，其他国家可能达到 20%～30% 的关税税率。所以即使是来自享受最惠国待遇的化妆品，其三项税的总税率也在 57% 左右。

为什么中国人喜欢在世界范围内购买奢侈品？除了认为国外制造的商品

质量更好这种心理认知以外,更重要的是因为税收,在国外购买的商品绕过了关税这个环节,相应商品的价格比起国内就低。同理,为什么中国出口的商品会比国内还便宜呢？难道出口商品不需要支付更多的交通费、保险费？因为很多出口商品都可以退税,比如可以退17%的增值税,很多商品的成本会因此大大降低,所以出口的中国制造产品有可能会比国内的还便宜。

我们可以据此认为高关税降低了公民的爱国之心吗？经济学家会说人都是理性的人,去全世界购买物美价廉的商品实属正常,这是人之常情,无关爱国。高关税本来是为了保护国内相关产业的发展,但是过于保护也可能会导致相关产业缺乏创新,导致人们不得不长期购买质次价高的商品。也就是说,保护国内产业可以说是一种爱国行为,但是这些国内产业也有可能因为被保护了而不再热爱自己的人民,没有动力让人民以更便宜的价格买到更好的商品。所以,怎样在保护国内产业的同时又引入相应的"鲇鱼"（像新能源汽车领域引入特斯拉电动车巨头企业这样）,激活他们的创新精神和创新能力,是一个需要统筹考虑的问题。

（四）所得税会导致浪费行为

所得税分为个人所得税和企业所得税。所得税简单理解就是对收入减去成本之后的所得进行征税。对于个人所得税来说,因为5000元以内（2019年以前是3500元）是不征税的,这5000元可以视为固定成本,又加上个人所得税是预先扣除的,到手的已经是税后收入,这不会导致浪费。但是对于企业所得税就不一样了。

例如,AB两个企业收入都是10万元,A企业的成本是10万元,B企业的成本是5万元。那么A企业因为所得是0元,自然不用缴纳所得税,而B企业所得是5万元,按照正常25%的企业所得税率计算,正常情况下需要纳税1.25万元。如果B企业不想缴纳这1.25万元的企业所得税,最好的办法就是提高生产成本,这样就会导致浪费的产生。所以,企业使用豪车、豪华办公室等行为,并不仅仅是为了显示自己的实力有多雄厚,还有避税的考虑。

再如,有位民企老板,25万元购得一幅明朝某位皇帝的书画作品,当时,他把这25万元计入了企业成本,充作固定资产。在之后的5年中,这一固定资产逐年折旧20%，等到全部折旧完毕，就可以随意支配了，这时，这幅书画的拍卖起价飙升到了200万元。所以，民企老板热衷于"玩"藏品，醉翁之意绝对不在"画"。当然，魔高一尺道高一丈，税务机关也会根据企业的避税行为及时采取反避税的措施，让过去合法的避税行为变得不再可行。

2021年6月22日国家税务总局发布了《关于企业所得税若干政策征管口径问题的公告》，明确了文物、艺术品的税务处理问题，对此，企业老板采取购买文物、艺术品等方式进行避税这条路已经行不通，相应的艺术品价格也随之下跌。

如果只对总收入收税，反而会鼓励企业尽力节约成本，上述行为就难以再出现。如果是国有企业，有可能会诱使企业管理人员通过抬高销售费用、财务费用等办法增加成本，造成企业利润的下降。这样一是可以少缴企业所得税；二是可以把相关的费用转移到自己腰包里，以公肥私。所以，这种所得税的征收方式还极易导致腐败行为的发生。

（五）消费税会导致推卸责任

消费税即对某些具有负外部性行为征收的税收。比如对环境污染、烟草、酒及道路拥挤等领域实施的税收征收。理论上来说，通过对这些具有负外部行为征税可以减少这些行为的发生，但实际上可能会导致很多难以预料的结果。

消费税容易被认为是"可以这样去做的特许证"。对于被征税的对象，就会觉得反正国家已经对此行为征税了，就会做出更多的具有负外部效应的行为。本来这种行为也许会给行为者带来道德层面的压力，但是征税行为会让他们把消费税看成一种"非法转合法"的机器，就好像付出了金钱就要获得商品一样，他们会觉得造成环境污染、吸烟喝酒、开车等行为都是他们通过金钱购买的，从而降低道德约束力，并减少内心的不安。

对于部分国家来说，本来征收消费税表达的是一种谴责行为，但是政府却以收入的形式从自己所谴责的行为中获取利益，这也会破坏政府在维护社会道德秩序中的形象。而且政府无论从什么行为中获得收入，一旦开始，都会对这种收入产生依赖，会想尽办法来保持这种收入，否则相应的支出可能就难以为继。对于政府来说，不管收入的来源如何，等到支出的时候这笔收入或者说这些钱与其他收入是没有差别的。

政府通过消费税对市场进行干预的行为还有可能将消费者私人消费领域的责任转移到公共领域。比如减少拥堵的最有效的办法自然是减少开车,更多的人选择公共交通出行,这样交通拥堵问题就变成了政府发展公共交通不力、城市规划落后、交通管制不力等问题。

减少污染行为,最好的办法是每个人、每个企业都减少污染环境行为。但是征收消费税之后,相关问题的责任就转变成了政府的责任,民众会认为生态环境恶化是政府对环境治理不力及治理能力低下所致,各级环保部门更是成了众矢之的。

所以,按照庇古税的思路对引发负外部效应行为进行课税可能会削弱民众的道德风险,因而会恶化一个地方的环境状况。由此,提示我们必须关注税收对社会心理多维的影响,而不能仅仅把它视为一种简单的经济行为。

第二篇

税收意识与良治塑造

五、纳税人权利到底是一种什么权利

2009年,国家税务总局出台关于纳税人权利和义务的公告,总结了纳税人的14项权利及10项义务。这是我国政府首次将纳税人和权利联系在一起。这14项权利分别为知情权、保密权、税收监督权、纳税申报方式选择权、申请延期申报权、申请延期缴纳税款权、申请退还多缴税款权、委托税务代理权、陈述与申辩权、对未出示税务检查证和税务检查通知书的拒绝检查权、税收法律救济权、依法要求听证的权利、索取有关税收凭证的权利。该公告一出,立即引起了各方面的热议。这是官方第一次正式提出纳税人权利的话语。

同时,这十多年可以说是中国人纳税人权利高涨的年代,新闻媒体上经常看到有人宣扬他们的所谓纳税人权利,面对各种公共事务,他们这样说:我们是纳税人,我们交钱了,我们有知情权、参与权和监督权,有享有良好服务的权利。而且,一些学者把纳税人权利意识的觉醒视为推动预算民主进而推动宪政民主的主要动力,因而主张在中国要大力弘扬纳税人权利意识,欢呼纳税人权利意识的觉醒。

这引申出几个很重要的问题:一是纳税人的权利到底是什么权利?二是公民权利的享有是否应该以纳税为前提?三是纳税人权利与公民权利是什么关系,能否互相替代?如果不能替代,那么就引申出:"纳税人权利"概念或者话语有什么意义?那么,接下来将对上述问题进行分析和回答。

(一)法定的纳税人的权利是什么权利?

世界上很多国家都有专门的法律来保障纳税人的权利,比如美国有《纳税人权利法案》,英国有《纳税人权利宪章》,加拿大有《纳税人权利宣言》等。下面就以加拿大和美国为例,来分析一下发达国家的纳税人到底享受什么样的权利（见下表）。

美国和加拿大纳税人权利列表

美国纳税人的权利	加拿大纳税人的权利
1. 知情权 2. 享受优质服务的权利 3. 只缴纳应纳税款的权利 4. 有权质疑国税局的立场并申诉 5. 有权在独立论坛对国税局的决定提出上诉 6. 最终确定权 7. 隐私权 8. 保密权 9. 聘请代理权 10. 有权享有公平公正的税务制度	1. 获得权益（entitlements）和按照法律规定不多也不少缴税的权利 2. 获得两种官方语言（英语和法语）服务的权利 3. 隐私权和获得保密的权利 4. 获得正式审查及伴随的上诉权利 5. 获得专业、礼貌和公正对待的权利 6. 获得完整、准确、清晰和及时信息的权利 7. 如果应纳个人所得税存有争议，在得到公正审查之前有暂时不纳税的权利 8. 得到法律统一对待的权利 9. 对服务提出控告的权利和获得税务部门调查结果解释的权利 10. 当执行税法的时候有权考虑遵从成本 11. 有权期待我们承担责任 12. 在特殊情况下，减少法律规定的罚金和利息的权利 13. 有权期待我们每年出版服务标准和报告 14. 有权期待我们向你及时提醒有问题的税单 15. 有权选择一个人来代表你 16. 有权提出服务投诉，并要求正式审查，而不必担心报复

（资料来源：美国和加拿大税务局官方网站）

美国纳税人权利详解

1. 知情权

纳税人有权了解他们应当如何遵守税法，有权在税表、说明、出版物、通知和信函中明确了解税法和国税局（IRS）的程序，有权了解国税局（IRS）对于其纳税帐户所做的决定，并得到对处理结果的明确解释。

2. 享有优质服务的权利

纳税人有权在与国税局（IRS）的往来中获得及时、礼貌和专业的服务。国税局（IRS）要以易于理解的方式与纳税人交谈，并向纳税人提供明确易懂的信息。同时，纳税人也有权向国税局（IRS）主管反映服务的不完善之处。

3. 只缴纳应纳税款的权利

纳税人有权只缴纳应当依法缴纳的税款，包括利息和罚金，并有权要求国税局（IRS）妥善使用所缴纳的税款。

4. 有权质疑国税局（IRS）的立场并申诉

纳税人有权针对国税局（IRS）正式或计划采取的行动提出异议并提供补充性证明文件，要求国税局（IRS）及时、公正地考虑他们的反对意见和证明文件，如果国税局（IRS）不同意纳税人的立场，则纳税人有权得到相关答复。

5. 有权在独立论坛对国税局的决定提出上诉

纳税人有权对国税局大多数的决定（包括许多罚则）提出公平公正的行政上诉，并有权收到关于上诉办公室所作的决定的书面回复。纳税人通常有权将他们的案件送交法院审理。

6. 最终确定权

纳税人有权认为国税局（IRS）所采取的任何调查、审查或执法行动是合法必要的行动，并会尊重所有正当程序权利，包括搜查和扣押保护，并要在适用情况下提供追讨正当法律程序听证会。

7. 隐私权

纳税人有权认为国税局（IRS）所采取的任何调查、审查或执法行动是合法必要的行动，并会尊重所有正当程序权利，包括搜查和扣押保护，并要在适用情况下提供追讨正当法律程序听证会。

8. 保密权

纳税人有权认为其提供给国税局（IRS）的任何信息不会得到泄露，但有纳税人或法律授权的情形除外。纳税人有权认为会对不当使用或泄露纳税人申报信息的员工、申报经办人或其他人员采取适当的制裁行动。

9. 聘请代理权

纳税人有权聘请一名自选的授权代理，代表他们在国税局（IRS）办理业务。如果纳税人无法承担代理费用，则有权向低收入纳税人服务处寻求援助。

10. 有权享受公平公正的税务制度

纳税人有权认为税务制度会考虑到可能影响其基本债务、支付能力或及时提供信息能力的事实和情况。如果纳税人遇到财务困难，或国税局（IRS）没有通过正常渠道及时妥善解决其税务问题，则纳税人有权从纳税人辩护服务处（TAS）获得援助。

加拿大纳税人的权利虽然在条款数量上和语言表述方面同美国有一些差别，但是纳税人权利的内容并没有本质的差别，而且，加拿大纳税人和美国纳税人的权利同中国税务总局总结的纳税人的权利差别并不是很大，所谓纳税人的权利基本是同纳税有关的权利，而没有同政府支出有关的权利，也没有监督政府支出或者享受政府相应服务的权利。纳税人所享有的监督、知情和参与的权利，仅限于与纳税过程有关的业务。

（二）我们所说的"纳税人权利"是一种什么权利？

当前民众和官方热议的"纳税人权利"又是一种怎样的权利呢？它其实是一种税收的交易理论。这种理论把税收本质视为一种购买行为，即把民众的纳税行为视为向政府购买服务的行为，纳税人的因纳税而享有政府提供的公共产品和公共服务的权利，就如同消费者因为消费而应该享有商品和服务的权利一样。纳税意味着纳税人让渡了自己的财产所有权，同时就应该享有政府提供的优质服务，并获得参与管理税收事务的权利。最突出强调的权利有三种：一是征税同意权；二是用税决定权；三是公共服务受益权。

1."征税同意权"形象的说法就是"无代表不纳税"，具体到今天的政治实践就是政府部门不能决定税收是否开征、如何征收，征税是议会独自享有的权力，要由议会来决定，因为议会一般都是立法机关，所以议会决定征税事宜被视为税收法定的主要体现。

2. "用税决定权"也有类似的含义，是指税收的使用必须符合纳税人的意愿，任何开支都必须依据纳税人的意愿进行。同样，"用税决定权"也应该由纳税人选出各自利益的代表组成的议会来制定法律，对政府开支的各种情况进行规定，并审核和批准政府的税收使用方案，政府不能随意支出税款。对于议会确定了的税收支出，该花的钱不花和不该花的钱乱花都一样是违法行为。

3. "公共服务受益权"即我纳税了，我是纳税人，所以我应该享有一定的权利。从整体上来说，税收就是文明的代价、自由的成本、公共物品的价格，如果人人不纳税，政府很难提供相应的公共产品和服务（除了那些石油国家），个人也就享受不到相应的益处，因此，"无纳税无权利"是合理的，进而，"纳税才享有权利"也是合理的。

那么"纳税人权利"的历史渊源在哪里呢？早期，纳税人和权利二者并没有什么关系，政府一直拥有征税的权力，纳税一直是公民的义务，不存在纳税的权利之说，当然也不存在纳税人同意或者纳税人监督政府支出税收之说。"率土之滨，莫非王土"，臣民种的地都是国王（或者封建主）的，给国王缴点税也是必然的。在中国历史上，早期的税收被称为"贡"或者"献"，在社会认知上税收就是一种无偿付出，所以今天的"贡献"一词依然有无偿付出的意思。而且在世界历史上，纳税者通常是地位卑微的人。而地位高贵的人（比如传教士、僧侣、骑士贵族）通常不用纳税或者拥有免税特权。在这样的历史情况下，因纳税而得以享有权利的思想是不会存在的。

12世纪—17世纪，在英国历史上，由于贵族势力的强大以及传统的影响，他们认为国王要依靠自己领地养活自己，不能随意对全国征税，如果征税需要有正当的理由，而理由正当与否要由纳税人（早期主要是贵族）组成的议会讨论决定。所以英国历史上经历了一段议会通过限制君主的税收权而最终处于支配地位的历史，并最终催生了英国现代君主立宪政体，纳税人权利说主要就是扎根于英国的历史经验。后来，"无代表不纳税"的理念又被大西洋彼岸的美国用来反对英国对其征税的行为，纳税人权利说终为全世界所熟知。

上述纳税人权利思想让很多中国人有切身体会。比如，征税同意权，在2014年7月—2015年1月，国际原油价格经历了12次连跌的同时，国家发展和改革委却连续三次上调了燃油税，导致很多人并没有享受到油价下跌带来的福利。此事一时引发舆论强烈关注，很多人开始呼吁中国尽快研究和落实

税收法定的问题。

再说用税同意权。

2009年,某市财政局在网上首次公开了本市本级部门预算,114个部门预算的支出信息向社会公开,这在中国地方政府预算公开史上称得上是一个标志性事件,引发了广泛的社会关注。有心的社会人士仔细阅读之后发现该年度的预算支出中有一笔涉及9所政府机关幼儿园的财政补贴资金多达6000万元,这笔支出经媒体披露之后,引发了社会的广泛的热议。其焦点在于,此笔支出纳入公共支出范围并不合理,因为这些幼儿园并非对社会公开招生,不属于公共教育的范畴。民众认为,税收应该支持公务人员的公共活动,而不应该支持他们的子女的受教育行为,由此,相关政府部门表示会逐步取消对机关幼儿园的补贴。

而在2012年的预算显示,本市8所机关幼儿园又获得了高达7524.21万元的补贴金额,补贴金额不仅没有减少还在逐步增加,又一次引发了社会的关注。从此案例中可以清晰地看出,预算公开行为引发了民众一种用税同意权的心理,民众认为自己对公共预算不仅有知情权,还应该对公共预算有同意权:政府不仅公开预算,还应该在支出方面听取民众的意见,以确保税收的使用洽到好处。

可以说,纳税人权利的理论或者话语切实击中了当时我国民众的社会心理,有着深刻的现实根源,所以其受到社会广泛关注也容易理解。

但是,还需要对其进一步思考。

(三)"纳税人权利"话语是否站得住脚?

第一,纳税的义务和纳税人的权利是直接关联的吗?很多人都会认为权利与义务是对等的,有义务就有权利,有权利就有义务。纳税人既然尽了纳税的义务,就应该拥有相应的权利,比如征税同意权、用税决定权以及公共服务受益权等。

其实这种简单化的理解是有问题的,权利与义务的关系并非是简单对应的关系。比如受教育权,既是一种权利也是一种义务,二者是统一的,很难说是一种对应关系。对于纳税行为来说,纳税可以理解为一种义务,可以理解为一种交换,也可以理解为一种责任。责任与义务非常类似,但绝非相同。比如,抚养子女是父母的责任,赡养父母是子女的义务,在这种关系里我们很难把"责任"二字替换为"义务"。税收也包含着道德或者伦理的责任,体现着国家对弱者的一种关怀和照顾，体现着人与人之间的一种帮扶精神，不能简单地把税收理解为对某种物品的交换，否则我们还有什么资格批判"朱门酒肉臭，路有冻死骨"的现象呢？

税收的功能一部分是为了提供公共物品，比如教育、医疗、国防等，另外一部分功能是为了转移支付，为了把财富从富人身上转移到穷人身上，前者可以理解为一种交换（其实也有问题，不能说你纳税多了就让你多享受医疗资源吧？医疗资源的享受应该以病人的治疗为标准，这是一种共建社会安全网的行为），后者就不能把纳税行为理解为一种交换，而应该理解为一种税收道德或者伦理责任，每个人都有可能从富人变成穷人，所以转移支付行为也不过是为我们所有人建立的一种社会保险行为。

而且，对于国家来说，征税权和支出权是两个不同领域的权力，二者不能直接联系在一起。征税的理由以及谁来承担相应的税收责任和支出的理由以及谁应该从支出中受益是两个相对独立的领域，不应该联系在一起。正如公共经济学家布伦南和布坎南所说："不错，政府也用税收提供公民—纳税人所欲求的公共产品或转移支付。但是这里我们必须对两件事做出严格的区分：一是为政府拥有的征税权提供理由（rationalization）；二是对这种征税权力本身的理解。征税权本身并不包含使用这些以任何特定方式征集的收入的义务。征税权在逻辑上并不隐含着支出的性质。"[①]

所以，由纳税行为推导出纳税人享有的监督税收支出的权利以及福利受益权，逻辑上并不必然成立。

为什么征税权和支出权应该是两个不同领域的权利呢？举例来说，纳税的时候一般是富人纳税多，穷人纳税少，如果把征税权与支出权关联在一起，并且权利义务对等，那么监督税收支出的人也应该是富人，也就是说议会里面的代表或者议员也是由富人组成，可我们有什么理由相信富人组成的代表会议只考虑如何更合理地使用税款，而不是想尽办法利用自己的立法权力把纳税义务转嫁给社会上的其他群体呢？一旦纳税义务转嫁成功，其实这些人也不是纳税人了，那就失去了当代表的资格，于是被转嫁税负的群体又应该

---

① [澳]布伦南，[美]布坎南. 宪政经济学[M]. 冯克利，等，译. 北京：中国社会科学出版社，2004.

成为新一批议会成员了,这样周而复始,现代民主制度将无法正常运转。

资本主义为什么要建立一人一票的民主制度呢?最核心的原因就是要通过这种政治上的平等权利来限制巨大的资本力量,因为巨大的财富在市场上已经拥有足够的影响力了,如果这种财富的逻辑再进入政治领域,结果将非常可怕,所以一人一票的民主制度其实是对资本力量的一种再平衡,防止整个社会的倾覆[①]。简单地把征税权与支出权关联起来,是对现代政治的理解不够深入所致。

第二,公民权利的享有应该是以纳税为前提条件吗?实际上,公民享有某些权利,比如公共事务的知情权、监督权和参与权,甚至福利权,是基于现代政治文明的要求,是一国法律所赋予的,只要是一国合法的公民,就都会享有这些权利,不以其他条件为前提;依据纳税而享有权利,有一种滑入资本权利观或者富人权利观的危险。而且把国家与公民的关系降格为一种买卖关系,会导致国家凝聚力的降低和信任关系的破坏。对于公民,国家应该提供一种平等关怀和保护,才能创建政权的合法性[②]。

而对于税收原则而言,现代税收原则是能力强则多纳税,能力差则少纳税,没有能力则不纳税。纳税人权利说法其实是对权利的一种降格,纳税人的权利有一层不言自明的含义,即政治权利需要经济购买才能实现,政治权利的获得与行使不是依据权利的本质属性来进行辩护,而是依据某人的经济价值贡献来论证其正当性,这会导致权利降格,而且这与人民民主主权的理论也相冲突。权利是无条件的,尤其是政治权利,更应该是无条件的。权利是不可剥夺的,但是有了纳税的前提条件,权利很容易就被剥夺了。

第三,纳税人权利说应不应该坚持多纳税者权利多,少纳税者权利少的原则呢?如果同意这种观点,就违背了现代政治理念,事实上是一种历史的倒退,很多人会持反对态度。比如,本来向富人多征税就是为了缩小贫富差距,如果富人因为多纳税而享有更多权利,税收的功能和正义就会大打折扣,政府很多合法性目标也无法实现。因多纳税而多享有权利的理论在逻辑上是有问题的,也不符合各国的政治实践。如果不同意这种观点,认为既然人人

---

① [美]阿瑟·奥肯. 平等与效率:重大抉择[M]. 王奔洲,等,译. 北京:华夏出版社,1999.
② [美]罗纳德·德沃金. 民主是可能的吗?:新型政治辩论诸原则[M]. 鲁楠,王淇,译. 北京:北京大学出版社,2012.

都是纳税人，就都应该享有某些权利，而不用考虑个人之间纳税的多少，那么这个概念同一般的公民权概念还有什么区别呢，还有必要进行专门强调吗？

第四，纳税人所纳之税真的是自己财产的一部分吗？如果把纳税视为一种交换公共物品的行为，那么税收应该本来属于自己财产的一部分这种理论才能成立，你总不能拿别人的钱来买自己需要的东西吧？但事实上，在间接税为主体的情况下，纳税人与实际承担税负的人并不一致，税收负担经常可以进行转嫁，纳税人经常并不是实际的税收负担人。比如，企业所得税和增值税难道可以视为法人代表或者总经理所纳之税吗？

如果仅仅因为谁纳税谁就享有权利，这是不公平的，很多时候你的纳税行为只是替别人纳税，所缴纳的并非自己财产的一部分，但是，实际的情况是，很多所谓的企业纳税大户在享受着超国民待遇。还有，有些税收本来就是一种惩罚性的税收，比如污染税、拥堵税、烟酒税等，难道因为污染而多缴税还应该多享有权利吗？难道缴纳了污染税你就可以拥有更多的制造污染的权利？更极端的情况是，任何一个罪犯，虽然可能没有收入，但只要他还活着，就通过吃喝拉撒行为在缴纳间接税，难道这些人也要因为纳税行为而继续享有因犯罪而被剥夺的权利？

既然纳税人权利的理论存在上述逻辑上的缺憾，本质上与公民权的概念并没有区别，那么在中国是否还有存在的必要呢？

（四）当前为什么要肯定"纳税人权利"这个话题？

当前，强调"纳税人权利"，至少有两个重要意义：一是可以起到助推作用，让公民权运作起来；二是让公务员群体正确看待国家与公民的关系。

虽然宪法规定了公民有批评和监督政府的权利等，但是相当一部分公民更习惯被动地等待政府的给予，而不是主动去争取。纳税人权利理论的出现能唤醒人人都是纳税人的意识，从而认识到政府花的每一笔钱都是纳税人的钱，公民就有义务和责任监督政府用好这些钱。所以，纳税人意识有利于从信心和责任心两个方面来刺激公民权利意识的觉醒，从而让公民权运转起来，推动政治文明的发展，建立责任政府，即税收导致民主，预算促进善治。

2006年发生在我国H省的一起诉讼案例很好地说明了这一问题。

2006年4月3日，一位农民以一名普通纳税人的身份将市财政局告上法庭。起诉理由是：他认为市财政局在2005年度违反财政预算，违规购买了两台小车。他以一个纳税人的名义起诉，要求法院认定财政局的这一行为违法，并且将两台车收归国库，以维护纳税人的合法权益。这种诉讼行为很明显是一种非常规诉讼行为，在社会的普遍关注下，法院不能简单地"不予受理"，也不太可能直接受理，此案需要妥善处置。

4月10日这一天（也就是人民法院给出是否受理答复的最后期限），市法院有关人员到该农民家中告知"法院不予受理"，同时市财政局有关领导一行也赴该农民家中进行沟通。

很明显，这个引人注目的案件，充分体现了农民作为纳税人意识的觉醒。那么，当时的政府官员是如何看待这次诉讼行为的呢？其看法各有不同：

有人认为在已经取消农业税的情况下，作为农民是否具有纳税人的资格是存疑的；有人则认为应该尊重纳税人的知情权，维护公民的批评权；有人认为该农民的做法不妥；也有人态度颇为开明，认为这是社会的一种进步，纳税人对税款的使用应该有知情权，起诉是一种合理的要求[①]。

最终，原告和被告双方面对面沟通的效果令人欣慰。该农民觉得自己依法行使了纳税人权利，同时也向财政局表达了调查取证不详而导致误解的歉意。而财政局则说明了更换旧车购置两辆新车符合国家有关规定，同时有关领导也认识到，不透明的财政管理必将产生瓜田李下的猜疑。并表示该案例警示财政部门一定要建立"阳光财政"，财政部门的资金使用尤其要加强自律，只有自己率先依法管好、用好每分钱，才能管好、用好全市的钱[②]。

此案例说明，仅仅让公民明白人人都是纳税人还不够，还得让公务人员也明白人人都是纳税人，从而主动摆正公务员与公民的关系，正确认识国家与社会的关系，这样才会迎来公民和政府的一种良性互动，减少善治的成本。

但是，在2012年，发生在S省某市的另一起关于纳税人意识的案例，让我们对"纳税人权利意识"的作用有了不一样的认识。

---

① 王学进. 农民蒋石林起诉财政局唤醒纳税人权利意识 [EB/OL] 2006-04-06.
② 四川在线. 农民将财政局告上法庭，局长登门讲清实情 [EB/OL] 搜狐网. 2006-04-13.

2012年1月15日，一辆小客车压线怠速停放在非机动车道与公交车道交界处，影响右转弯车辆及非机动车正常通行。交警发现这一情况后上前询问，由于司机的不配合并拒绝出示驾驶证，最终被交警开具了违法通知书。本来事情到此，就是一场简单的交通违法事件而已。但由于当时这名司机向交警扬言自己是纳税人，想以此让自己免予这次处罚，而交警则情绪激动地强调，自己也是纳税人，也要交税。其经费来源于国家财政，和纳税人交的钱是两个概念。由此，引发了双方的争议。

该说法很快引起了网友的热议，交警竟然不知道国家财政的钱从哪里来的?！应该说，该交警的观点绝非个案，也许相当多的公务人员与该交警持有一样的观点。如果公务人员内心不认同国家所花的每一分钱都是来自于纳税人的钱，那么主动服务于人民的意识就不可能高，主动接受监督的意愿也不可能强烈，主动维护公民权利措施也不可能有力，所以唤醒人人都是纳税人的意识在中国还任重道远而且非常必要。

但是这个案例的后半部分却警示了我们另外一个问题：事实上这名司机的确违法了，理应受到惩罚。但是这名司机却想以纳税人的身份让自己免予这次处罚。如果说纳税是为了获得某种公共服务，那么良好的公共秩序就应该是这种公共服务之一。但是，现在社会上有些人却以自己是纳税人为理由或者当作借口，把相关政府部门正确执法和维护公共秩序的行为看作是对自己的一种"过不去"，进而以此主张自己纳税人的权利，其实这是索取法外特权的行为，对于这种滥用和故意误用"纳税人权利"的行为，也必须要警惕。

（五）纳税人权利理论的完善

可以设想一种情况：一个纳税大户可能缴纳了1个亿的税收，一个工薪基层可能只缴了1万元的税收，但是前者事实上逃税2个亿，而后者却全部缴了自己应该缴的税，谁应该享有所谓的纳税人的权利呢？

本来，按照法律的规定，前者触犯了刑法，应该接受法律的制裁，而后者才最应该理直气壮地宣称自己是纳税人，应该享有纳税人的权利。但是在实际的生活中，前者由于成了纳税大户而享有的权利绝对非后者可比。所以，宣扬纳税人权利没有错，但是纳税人主动的纳税意识也应该水涨船高才行，

这里就要谈到纳税凭证的重要性了。如果不符合自己正常收入的大笔支出必须出具纳税证明来证明自己的收入的合法性，不仅能让纳税人感觉到纳税的公平性，而且社会上"有钱就任性"的行为也就会减少很多，从而减少"炫耀性消费"导致的社会不满。

所以，纳税人权利意识的觉醒，不应该仅仅限于知晓自己纳税了，自己就应该向政府主张自己的权利这个层次上。不能满足于自己已经纳税了，而应该满足于自己按照法律完全纳税了，而且对于社会上其他应该纳税而没有纳税或者没有全部纳税的行为，也应该进行监督，这才是真正的纳税人权利意识——对于共同体的利益我们应该承担有区别但是共同的责任。

如果有一天，我们判断一个官员是不是好官，首先看他有没有逃税记录；我们崇拜一个明星，首先看他或者她有没有逃税记录；银行发放贷款，先检查贷款对象有没有逃税记录……我们突然会发现，我们的很多权利很容易就实现了，虽然它的确不会自动实现，它需要我们监督政府来实现，但是它的确要比今天更容易实现。

纳税人权利话语在建构税收合法性当中有其重要意义，它能够推动预算民主的发展，能够推动公务员与公民重新看待双方的关系，从而重塑国家与社会的关系。纳税人权利话语对于推动预算民主，建立公共支出方面的合法性及合理性，树立对政府支出方面的信任是至关重要的。

但是，纳税人权利话语自身存在假设和理论推理上的缺陷，其所依据的历史经验存在一定程度的错误解读，完全信奉这种理论会导致一些负面效果。而且，其无法有效指导如何合理地分配税收负担，也无法让纳税人之间建立起信任关系，甚至如果政府依据纳税人纳税的多少进行有区别的对待的话，还有可能导致公民对政府的不信任和疏离。所以，需要建立一种更具完善的信任理论模型，来指导税收的合法性创建工作。

六、税负痛苦：痛并快乐着

这是自我证明的真理：高开支的政府需要重税来支持，或早或晚，或者这种方式，或者那种方式。

——［美］查尔斯·亚当斯. 善与恶：税收在文明进程中的影响［M］. 翟继先，译. 北京：中国政法大学出版社，2013.

《福布斯》曾在2009年推出一个"税负痛苦指数"排行榜，该榜单显示，法国的税收痛苦指数全球第一。不知道法国人民看到这个排行榜心情会如何，法国的税负痛苦也不是一天两天了。曾经有人这样说过，法国人基本上是三分之一的时间在工作，三分之一的时间在罢工，三分之一的时间在休假。难道法国人三分之一的时间用来罢工的原因是嫌自己的税负负担太重？从2017年起，法国人又获得了一项让人羡慕的权利——劳动者在下班后有"断网"的权利，即上班族在工作时间以外，可以不理会工作邮件或电话。法规规定，拥有超过50名员工的公司必须起草一份员工章程，明确员工"断网"时间，确保其在下班"断网"期间，免于工作邮件或电话的"骚扰"。不过，很不幸的是，在34个经济合作与发展组织（以下简称经合组织）国家中，法国的税收占GDP的比重在2017年达到了46.2%，超过了丹麦的46%，而经合组织国家的平均税收占比是34.2%，因此法国人民爆发了持续很久的黄背心运动，反对政府提高燃料税。

虽然该榜单关于税负痛苦的排名及确定排名的相关指标是否科学引起了各方争论，但该榜单却引发了国内很多人对税负水平如何形成及如何确定合理税负水平等相关问题的思考。

如果税收负担过高，让我们纳税人备感痛苦，究竟谁之过呢？大多数人都自然地把矛头指向政府，比如税负不透明、纳税人的负担与享有的权利不对等、政府提供的福利差而且少、大部分纳税人不知道所交的税去了哪里，

等等。

在中国，一旦出现了什么不好的事情，我们总会习惯地说"有关部门"为什么不采取相关措施呢？"有关部门"为什么不作为呢？"有关部门"在干什么呢？当我们希望什么事情出现的时候，也会习惯地说希望"有关部门"能多支持一下，希望能成立"有关部门"进行跟进，希望"有关部门"加大财政投入等。可是我们是否想过，所谓的"有关部门"是需要成本的呢，也就是说，它需要我们的税收来提供办公用品、人员经费、运行费用呢？我们越是依赖"有关部门"来解决问题，而不是依赖我们自身去解决问题或者我们自身少制造问题，我们就不要再抱怨税收负担高了，很多时候，正是我们的自私自利、贪婪、虚荣和公共责任的缺失才导致了税收负担过高。

比如大家现在对环境问题有着诸多的抱怨，抱怨垃圾围城、垃圾围村。但是大家首先抱怨的都是政府职责缺失，处理垃圾不力，保护环境不积极等。而政府在处理垃圾的时候却需要巨大的财政投入，比如建造一个现代化的垃圾焚烧处理厂动辄就需要上亿甚至几十亿的资金。再比如水污染，很多大江大河大湖的治理资金动辄需要上百亿甚至上千亿元。

我们对环境污染很有意见，看到这么多钱为环境问题花掉了，会觉得很可惜，又责怪政府乱花钱，如果这些钱用来建学校和医院应该多好啊！

殊不知，环境问题就是我们每个人自己造成的。当然，人只要活着就会产生垃圾，每个人都是一个小型的垃圾中转站。不过，只要稍微改变一下我们的生活方式就会减少垃圾的产生，但是大部分人不愿意为了减少产生垃圾而稍微改变一下自己的生活方式，我们只想让自己的生活再便利一点儿、再舒适一点儿。

大家再想一下，如果我们每一个人都过一种健康的生活，不吸烟、不酗酒，合理饮食和锻炼身体，不熬夜，就会减少很多相关疾病，是不是也就同时减少了相应的医疗成本？

养老金的改革是当前社会关注的热点，尤其是养老金缺口问题，让很多人忧心忡忡，万一自己老了领取不到养老金怎么办呢？这样的担心或许有道理，但是为什么我们每个人不能在年轻的时候为自己的养老多一些储蓄呢？每个人或者每个家庭都应有合理的养老储蓄。

社会保障体系一方面是保障；另一方面也是一种破坏力量。医疗保障会破坏我们对健康的关注，养老保障会破坏家庭的养老保障功能。有人可能会说，中国的问题比较特殊，过去很多农民及其他低收入者因为历史特殊原因无法建立自己的养老储备，让他们自己养老有点强人所难。这是事实，但这不是让政府提供养老保障的充分理由。政府可以对他们的子女因为要承担养老责任进行税收减免，这同样会达到减少整个社会税收负担的目的。

也就是说，我们越是依赖国家，我们的税收负担就会越重；我们越是依赖自己，税收负担就会越轻。降低税负的其中一个途径就是公民要承担起避免依赖国家的义务。很多曾经神圣的话语其实都需要重新审视，福利权观念很多时候就是鼓动把自己的义务扔给国家，都希望自己享受福利而别人承担成本。很多人不明白或者不想明白，权利是需要成本的，自由是依赖于税收的。欧洲国家的债务危机其实也是一种福利危机，一方面是公民的福利要求越来越高；另一方面却又强烈反对政府征税，政治家为了迎合他们就只能不断地借债来提供福利，终于有一天还不起钱了，债务危机就爆发了。

权利是个诱人的话题，在很多国家，争取个人权利具有道义上的不可批判性。比如公平受教育的权利，平等医疗的权利等。所以税收需要用来保障每一个孩子都能享受到平等的教育机会和教育水平，保障每一位公民都能享受到同样的医疗保障，而这都需要税收来保障。税收就是自由的代价和权利的成本。也可以这样理解，"税负痛苦指数"取决于我们对权利的渴求程度和对自由的渴望程度。很明显，所谓"税负痛苦指数"体现的是"痛并快乐着"的一种情绪。只谈税负痛苦而不谈权利的享有、自由的保障，明显就是一种矫情。当然，已有的税收有没有很好地用来保障自由、实现权利，这是需要认真审视和对待的问题。

在中国，一些企业的不正当竞争行为带来对政府监管的需求，从而导致政府机构的增加或者政府职能的增加，进而导致税收增加。很多行贿行为都是为了让自己或者亲戚朋友获得不正当的竞争优势，要么是不正当的机会，要么是不正当的利益，而这必然就导致反腐败及保障社会公平工作量的增加。很多企业在生产中造成的环境污染行为、生产假冒伪劣产品的行为、拖欠工资的行为等也都是为了让自己获取不正当的竞争优势，而这又增加了政府的环境保护职能、监管职能、劳动监察职能等相关职能。获取不正当的竞争优势，也许是法律和制度不完善的结果，而获取不正当竞争优势的行为，又导

致了对不断完善法律和制度的需求。

所以说，税负痛苦指数要看我们自己是否导致了更多的社会问题，是否把更多的责任扔给了国家，是否在主张更多的权利，是否在不断地产生更多的公共需求。如果答案都是肯定的，那么税收就会不可遏制地继续增加。这就引出了一个非常有意思的问题：税收的顶点在哪里呢？或者说，税收的极限在哪里呢？

税收占GDP的比重在各国是普遍上升的，高比重的国家甚至达到50%左右，比如北欧的一些国家；低比重的国家会低到20%以下，比如泰国、巴拉圭、秘鲁等国。国家不收一分钱的税或者国家把全部的收入都变成税收显然都是不现实的，但到底征多少税合适呢？10%～90%似乎都有可能，那么我们应该依据什么标准来判断国家税收总额的合适度呢？或者说判断我们税负痛苦的合适度呢？

经济学家会从经济的角度进行判断，认为税收不应该妨碍经济的发展，如果国家税收所占GDP的比重过高，企业和个人税收负担过重，就会妨碍经济的发展，最终会导致国家税收的减少，所以保持经济的健康发展是国家考虑税收比重是否恰当的主要原因。

对于政治学家来说，能保持国家稳定的税收才是恰当比重的税收。如果税收比重太低，国家就难以通过税收凝聚国内重要政治力量，难以对各种可能的反对力量进行收买、安抚，难以控制地方的离心离德，难以对付外国势力的渗透，等等。在中国历史上，唐朝之所以出现藩镇割据的局面，并最终导致了中国历史上最重要的一次由盛到衰的转变，主要原因就在于中央政府把税收、军事等权力进行了下放，导致地方财权过大而中央政府财权严重不足。

所以，税收的不同目的会导致税收的上升或者下降，"税负痛苦指数"不能简单从数字大小上进行对比，要看税收在履行怎样的职能。在现代社会，税收的使用承载着很多道德责任，很多国家征税的目的或者征税理由同国家扶危济困的道德责任紧密联结，而利用税收扶危济困的责任限度又在哪里呢？

税收的扶危济困职能需要通过转移支付才能实现，用什么标准来判断转移支付的合适度呢？在古代，当出现"朱门酒肉臭，路有冻死骨"的社会现象时，我们希望社会上富人能够拿出部分钱财来救济穷人，让他们能够吃饱穿暖，不要冻死饿死街头。但同时我们也明白，富人对那些穷人的道德义务也就到此为止了，富人不可能也不应该把自己全部的财产都发放给穷人，那样自己也就变成穷人了，也成了需要救济的对象，最终的结果就是绝对平均主义。在这种价值观念中，让穷人吃饱穿暖就是税收再分配的伦理极限。就像今天很多国家已经在做的那样，我们认为国家还需要为社会底层的人提供技能培训、提供经济适用房、提供更多的安全保障（见义勇为基金、更多的保卫力量）等，税收再分配的伦理极限就会发生变化。简单来说，税收还需要增加。

所以，税负的痛苦程度同我们希望国家代表我们奉献的爱心程度有关，你觉得国家的爱心有必要，税收就有必要。你不能一方面说国家要对流浪人员进行人道关怀；另一方面却又主张不断减少自己的税收。国家的爱心同税收是成正比的。

前面基本上是从税收支出来分析税负痛苦问题，下面再从收税环节说一下税负痛苦问题。

诚然，任何形式的税收看起来都是国家把我们应该得到的一部分收入拿走了，所以不管国家拿走了多少税肯定都会令纳税人感觉到痛苦。但是，理智的纳税人又知道没有税收我们的生活会更糟糕，因为税收在提供着很多必需的公共物品和服务，所以税收领域追求的不是自愿服从，而是准自愿服从——我不喜欢纳税，但是我认为纳税还是有必要的，纳税是一种必要的公共责任，是我们对彼此承担的一种义务。

但是，各种税收的准自愿程度是不同的。有些税收属于完全强迫型，比如污染税、烟酒税、燃油税、拥堵税等，这类税收本来的目的就是寓禁于征，希望纳税人减少或者杜绝某类行为的发生，如果单独对一个国家的这类税收进行统计，该数据带来的税负痛苦越高那就越是值得庆贺的事情。

另外，对中奖所征的税，虽然税收比例很重，但是这种税所带来的痛苦显而易见会小得多，对中奖者兴高采烈的情绪不会产生多大影响，甚至这种税还能起到防止中奖者因突然拿到一笔巨额横财而走向癫狂的状态。我们可以这样理解：纳税的准自愿程度的一端是完全强迫；另一端是接近自愿的连续统一体。所以，不同性质的税收所带来的税负痛苦是不同的。而完全自愿纳税的行为我们一般把它归类为捐赠行为，其实就是一种没有痛苦的纳税行

为,甚至还可以被视为一种颇为开心和让人的心灵得以升华的纳税行为。

税负是否令人痛苦还同一国征税方式及该国税收文化有关。如果采取的是间接税或者"暗税"的方式征税,纳税人的税负痛苦感觉也许就会比较轻。比如,征税如果普遍采用价内税的方式,即把税收藏在商品价格里面征收,你买商品的时候不知道已经纳税了,只是认为这个商品就值这个价,无从判断自己缴纳了多少税收,自然也就感受不到税负痛苦。当然,因为税在物价中,有可能你的物价痛苦指数上升。如果征税采取"明税"的方式,比如价外税,你买商品的时候会发现价格标签上有商品价格,同时还有购买商品需要缴纳的税收数额,你缴的每一分钱都会让你明明白白,你感受到痛苦的可能性就比较大。

为什么说是可能性而不是一定呢?一方面,明白自己交了很多税,当然不开心,但是,如果你觉得这样满足了你的知情权(有的国家还会清晰地告诉你这些税都用在了什么地方),又让你很开心,那你是痛苦还是开心就要看哪种情绪占上风了。

早在 2000 年的时候,南京有一家超市,在给顾客的购物发票上将税款与商品价格分离,即标出商品单价、销售金额、税率和所付税金,使消费者对自己所购商品的真实价格、所缴税款等各种信息一目了然,明白自己在购物时已经交了税。该超市这个可以说颇有历史意义的举动估计是想唤醒大众的纳税意识。但是顾客却很不开心,质问超市为什么买了商品还要纳税,有人还说超市将本该由企业缴的税转嫁到了消费者头上,要超市给个说法。鉴于顾客吵闹不断,坚持了半年之后超市最终无奈取消了这一做法。

无独有偶,在 2001 年,北京的一家书店也在顾客的购物小票上分别列了价款金额与税款金额。比如标价 113 元的图书,小票上会给你显示其中价款为 100 元,税款金额为 13 元。它实际上是在提醒你,或者在告知你,你买书的时候已经缴纳了 13% 的税,在你买书的时候,你正在履行着纳税人的职责。但是书店同样也不能承受顾客不断质询带来的烦恼,最后也放弃了向纳税人进行教育的机会。

逛超市的人和逛书店的人当时都不明白平常在购物的时候已经在纳税,所以他们在此之前不可能感受到税负痛苦。但是超市和书店的做法让他们明白了自己是纳税人的时候,他们没有感觉到作为纳税人的光荣,也没有因为明白自己纳了多少税而开心,感受到的却是纳税的痛苦。

所以,今天中国的纳税人之所以觉得税负痛苦指数比较高,恐怕其中一个原因就是因为纳税人意识刚刚觉醒,还不太理解纳税的意义,还不太习惯主动履行公民纳税的必要性,原来不知道自己纳了那么多税,现在突然知道了有点难以接受,所以才会感觉特别痛苦。再假以时日,中国纳税人承担税负痛苦的能力估计会上升。

关于税负痛苦的话题我们要注意其所造成的国家治理方面的风险。这种风险的逻辑是这样的:一方面,我们认为政府应该承担更多的责任,比如环保、医疗、教育等,而政府做好这些事情需要更多的税收;但是另一方面纳税人权利意识开始觉醒,这种纳税人权利意识除了要求监督国家要把税收用好之外,还伴随着一种如果自己对政府支出不满意而主张自己可以不缴税或者少缴税的权利主张,这种主张其实极易演化成一种"逃税正义"的哲学或者社会心理,即抗税、逃税、避税行为者没有任何的道德愧疚感,没有觉得自己是在逃避自己应该承担的公共责任,这种所谓的"逃税正义"文化会让征税的成本变得更加高昂,政府会因此强化税收的征管,公权力会更多地渗入私权利之中,因征税所导致的社会矛盾会更加突出,也会直接减少国家应该征收到的税收额,从而导致国家提供公共产品、维护社会秩序的能力更加孱弱;这反过来又进一步强化了"逃税正义"文化,鼓励更多的逃税行为。

一部分纳税人的逃税行为,可能会激励其他纳税人的逃税行为,也可能会引发其他合法纳税人对这部分纳税人的愤恨,及对国家的愤恨(会认为国家对纳税人区别对待),整个社会的凝聚力就会瓦解。法国大革命爆发的原因就与这种社会情绪密不可分。这种风险循环可以称之为:"归责政府—逃税正义—治理危机—逃税正义—归责政府"循环。

七、谁在"供养全国"？——一个"财政幻觉"问题

世界各国地区之间纳税不公平或者不平衡，中外都存在类似现象。这是一个极易引发社会分裂，破坏国家团结统一的问题，需要认真对待并仔细澄清其中的一些错误认知。

（一）意大利公投

2017年10月22日，意大利中北部最富有的两个大区伦巴第（Lombardy）与威尼托（Veneto）进行了自治公投。触发这次两大区公投的主要原因是税收。在意大利20个大区中，伦巴第大区与相邻的威尼托大区每年能为意大利贡献近30%的GDP。每年，伦巴第大区向罗马缴纳约540亿欧元，威尼托大区缴纳155亿欧元。而两大区从中央政府获得的公共开支补贴加起来还不到100亿欧元。在两大区民众看来，他们向中央政府缴纳的税收远比获得的公共开支补贴多，因此希望将上缴的税款削减一半。

而更让当地民众不满的是，中央政府往往拿他们缴纳的税款补贴意大利南部的欠发达地区。他们不满的理由在于：纳税人的钱就应该花在当地，而不是拿去支援西西里。

（二）西班牙公投独立事件

吸引了全世界目光的西班牙加泰罗尼亚地区公投独立事件，也有税收因素在其中。加泰罗尼亚人口大约占西班牙的16%，贡献了西班牙GDP的20%左右，却只收到14%的财政拨款，这让他们认为自己是在为西班牙财政输血。更糟的是，近几年加泰罗尼亚负债高达400亿欧元，已经相当于其总产值的1/5，不得不向西班牙中央政府寻求高达50亿欧元的支持用来偿还债务。双

向因素叠加，加剧了加泰罗尼亚闹独立的情绪。

（三）"十二五"期间中国各省的税收情况

在国内，一直有人认为，我国只有少部分省市在赚钱，而大部分省市都在负债，因此，是这少部分省市在用自己的税收"供养全国"。比如，有文章称，中国有25个省份在负债，只有6省1市在赚钱；从2014年到2016年，25省份合计的财政缺口从3.2万亿元，上升到了4.88万亿元，补上财政缺口的能力堪忧。更需要关注的是，各地民众实际上也是认可这种情况的。西南财经大学汤加明和杨潇的研究显示，东部地区和中部地区的纳税人认为自身付出的税收代价高于所享受的公共服务水平，而西部地区的纳税人认为自身付出的税收低于所享受的公共服务水平。东部地区虽然同中部地区的纳税人观点一致，但是其感觉到的"吃亏"程度更深[①]。

对这个现象如果不能很好地分析，将有可能引发新一轮的地区鄙视链。

《人民日报》海外版微信公众号"侠客岛"针对这个话题在2018年1月24日发表了一篇文章对此进行一定程度的澄清。但是，这种澄清一方面仍然让普通读者不好理解，而且其澄清行为事实上隔靴搔痒，并没有触及问题的核心。因此，这里先简单介绍一下侠客岛文章的相关数据和观点，然后再对此现象进行进一步的分析。先看侠客岛这篇文章提供的2011—2016年各地的财力贡献排名表（见下表）。

"十二五"以来（2011—2016年）31个省财力贡献排名

（单位：亿元）

排名	地区	国税收入	地税收入	非税收入	地区总财力	一般公共预算收入	中央补助收入	上解中央支出	本地可支配财力	净上缴＋（补助－）
1	北京	42642.7	18571.4	1742.5	6295.6	23814.6	3154.8	399.5	26569.9	36386.8
2	广东	43490	32894.1	9271	85655.2	46647.7	8908.5	1302.5	54253.7	31401.4
3	上海	34564.3	20514.3	2694.4	57773	27794.2	3590.7	1127.8	30257.1	27515.9

---

① 何加明，杨潇. 地方层面的"财政幻觉"指数测量及识别运用[J]. 会计之友，2019（05），37－42.

续表

排名	地区	国税收入	地税收入	非税收入	地区总财力	一般公共预算收入	中央补助收入	上解中央支出	本地可支配财力	净上缴+（补助－）
4	江苏	33429	28306.2	7486.3	69221.6	40961	8248	1181.3	48027.8	21193.8
5	浙江	24410.5	19138.8	2335.2	45884.5	24622.9	5814.5	892.6	29544.8	16339.7
6	天津	9633.5	6626	4965.3	21224.8	13075.2	2670.4	296.2	15449.4	5775.5
7	山东	20358.2	18253.9	6923.4	45535.4	28491.6	12296.2	418.6	40369.2	5166.2
8	福建	10222.7	8989.9	2745.3	21957.9	12958.4	5926.5	269	18616	3342
9	辽宁	12120.7	11010.9	4130.9	27262.5	16613	10576.2	480.1	26709.1	553.4
10	海南	1969.9	2361.5	397.5	4728.9	3051.1	2989.4	12	6028.5	-1299.5
11	山西	6820.3	5412.9	3168.8	15401.9	9451.4	7860.1	121.4	17190.2	-1788.2
12	宁夏回族自治区	1559.2	1087.8	518.4	3165.4	1893.2	3607.8	9.6	5491.4	-2326
13	重庆	5631.3	6311.3	4054.8	15997.4	11189.8	7751.2	134.2	18806.8	-2809.5
14	陕西	6820.3	5916.6	3481.5	18220.4	10633.5	11071.4	60.3	21644.6	-3424.2
15	吉林	6239.2	4071.9	1879.2	12190.6	6744.9	9493.6	27.3	16211.2	-4020.9
16	河北	10550.4	8975.3	3632.9	23158.3	14063.3	13414.4	297.8	27179.9	-4021.3
17	湖北	10829.9	8755.5	4136.7	23722.2	14215.6	14054.1	241.1	28028.5	-4306.4
18	青海	1002.9	904.2	296.1	2203.2	1319.4	5472.7	6.4	6785.7	-4582.5
19	云南	9329.8	5841.7	2600.3	17771.9	9379.1	13654.4	31.8	22992.8	-5220.9
20	西藏自治区	1004.6	0.00	182.5	1187.1	653.4	6139.5	1.77	6791.1	-5604
21	江西	5748.4	6577.7	2942.6	15268.6	10245.6	10731.7	68.9	20908.4	-5639.8
22	安徽	8677	8097.1	3393.3	20167.4	12676.9	13410.3	141.1	25946	-5778.6
23	内蒙古自治区	5984.9	6516.8	3226.5	15728.2	10470.2	11457.4	39.7	21887	-6159.7
24	新疆维吾尔自治区	5279.1	4294.8	1973.7	11547.7	6637.1	11853.3	35.3	18455	-6907.4
25	甘肃	3549.6	2296.1	1185.7	7031.4	3781.3	10265	23.4	14022.9	-6991.5

续表

排名	地区	国税收入	地税收入	非税收入	地区总财力	一般公共预算收入	中央补助收入	上解中央支出	本地可支配财力	净上缴+（补助-）
26	广西壮族自治区	5202.6	4769.4	2596.1	12568.1	7925.1	11782.1	39.2	19667.9	-7099.8
27	湖南	9363.5	6833.3	4963.6	21160.4	12806.2	15636.7	173.5	28269.4	-7109
28	黑龙江	6606.7	4632.6	1875.7	13114.9	7053.7	13603.2	113.2	20543.7	-7428.8
29	贵州	4620.3	4970.4	2112.3	11703	7424.9	12093.5	25.8	19492.7	-7789.7
30	河南	9912	9427.4	4377.9	23717.3	15086.5	18712.9	172.9	33626.8	-9909.5
31	四川	10482.6	11428.4	4592.35	26503.3	17055.5	20225.9	67.27	37214.1	-10710.8

资料来源：侠客岛微信公众号

注：（1）地区总的财力＝国税收入＋地税收入＋非税收入；本地可支配财力＝一般公共财政收入＋中央补贴收入－上解中央收入；净上缴＋（补助－）＝地区总财力－本地可支配财力；

（2）数据排名按照"净上缴＋（补助－）"降序排列；

（3）5个计划单列市的国税收入、地税收入数据已添加到对应省份里面；

（4）部分省份缺2016年上解中央支出数据，均按上年值记录，因该项数据金额较小且变化不大，因此对排名结果没有影响。

侠客岛提供的数据表明，在"十二五"期间的5年中，全国31个省区市，对国家财政有财力贡献的为9个，依额度从大往小排序为：北京、广东、上海、江苏、浙江、天津、山东、福建、辽宁，共计为国家财政贡献了14.76万亿元；

剩下22个省区市，显然，则是需要中央财政予以"净补助"的。根据补助额度从小往大，排序依次为：海南、山西、宁夏回族自治区、重庆、陕西、吉林、河北、湖北、青海、云南、西藏自治区、江西、安徽、内蒙古自治区、新疆维吾尔自治区、甘肃、广西壮族自治区、湖南、黑龙江、贵州、河南、四川。"十二五"期间，22地共获得中央补助收入12.09万亿元。

那么，是否只有对国家财力有净上缴的地区才对国家有贡献，对国家财力没有净贡献的地区就是在"拖后腿"呢？文章引用了中国社会科学院财经战略研究院研究员汪德华的观点对此进行了分析。结论是：按照各地公布的财政收入数据去判断这一地区对国家的贡献，或者从财政是有贡献还是接受

补助去衡量一个地区对国家的贡献程度,是不准确的。主要原因在于:政府和地方政府之间,存在着复杂而精细的一套财政收入和分配系统。

1994年改革之后,中国实行的是分税制。什么意思?企业和个人按照属地原则,向地方政府缴税以及税以外的收入(比如大企业的总部在北京,就给北京缴税);1994年之后,税收分为国税和地税(目前已经重新合并),按照法律规定,税种分为中央税、地方税、央地共享税。各地需要把这些收入上缴国库,之后再由中央进行分配。

分税制下存在两次分配:第一次,按照分税制的比例规定进行划分,形成中央财力和地方财力(比如增值税,中央和地方基本上是七三开);第二次分配,则是中央统筹全国,看情况,再对各地进行补助。最常用的补助方式就是转移支付,比如对偏远地区、财政困难地区或者特殊行业(比如农业),中央都有转移支付。这就是补助的来由。

文章最后对此现象提供了三个方面的理解:

第一,少数省份对国家财力有净贡献、多数地区需要中央补助,这样的现象,在中国历史上是常态,从改革开放以来也一直存在。中国的改革开放本来就是"先富带后富",发展不平衡不充分,是一个长期过程。这一结果,受各地经济发展状况、人口规模、特殊因素等影响很大。

第二,中央财政给各地补助,本就是国家性质的职责所在。为什么要从中央层面进行财力调节给地方补助呢?经济发展需要效率,生产要素要自由流动,不平衡是历史的必然;但是从国家的层面看,即使各地经济发展不均衡,也需要让各地的民众享受基本均衡的公共服务,这就需要中央调节。经济落后的地区也要修路建厂,也要医保社保,财力不够,中央调节,"天道者,损有余而补不足"。

第三,对国家的财政贡献程度,并不必然等于对国家贡献程度。一些欠发达地区,虽然需要中央补助财力,但其在人力资源、能源资源等方面为发达地区的发展做出了巨大贡献;一些地区还具有重要的战略位置,为维护国家领土安全做出了重要贡献。比如河南、黑龙江、吉林、四川、安徽等,都是农业大省,给粮食安全提供了一定的保障,但商品粮的粮食补贴都需要国家出钱,所以这方面的补助也就所需更多。

事实上,侠客岛这篇文章并没有谈及事情的核心。至少,文章本身还是把地方上交中央的税收视为地方本应得的自身收入，而这恰恰才是问题的关键，才是出现净上缴＝财政贡献＝国家贡献，这样认知等式传递的幻觉根源。

最需要搞清楚的是，北京市筹集的税收收入就是北京地方本应得的自身收入（应该由北京市政府来使用）吗？

☞ **案例1.** 假如联想公司生产了一台电脑，价值5000元，假设其每销售一台电脑需要交200元的税，如果这台电脑被一个河南人在河南本地买走了，那么，这个200元的税（这里无须考虑它是公司所得税、增值税还是营业税）应该属于哪个地方的税收呢？除了上文所讲的分税制的因素外，这里面还要考虑征税环节的问题。如果这个税收在生产环节征收，因为联想总部在北京，那么这个税收就会被北京市征收；如果这个税收在消费环节征收，那么这个税收就会被河南征收。所以，在这个案例里面，不管这个税收最终被谁拿走，事实上都很难简单地认为是北京在做税收贡献（更不能简单地等同于北京人在做税收贡献）还是河南在做税收贡献（同样也不能简单地等同于河南人在做税收贡献）。当然，按现行的税制，这部分税收主要是被北京市拿走了。如果国家从北京市通过分税制拿走了140元的税，其后通过转移支付让河南消费了，你会认为是北京在做财政贡献而河南在拖后腿吗？

☞ **案例2.** 过去对于煤炭、油气等资源是按照从量计征的，即不管单位资源价格多少，一律按照一个固定值进行征收。比如每吨原油征税30元，每千立方米天然气征税9元等。2010年资源税改革之后，逐渐把从量计征改为了从价计征，即按照产品销售额的5%进行计征。那么，试想一下，对比新疆维吾尔自治区和上海两地（分别象征一个是资源产出地，一个资源输入和使用地），如果某段时间资源价格飙涨，假如采取从量计征，意味着资源价格的上涨并没有反映到新疆维吾尔自治区的地方税收收入中，同时也意味着这部分税收成本并没有转嫁到上海市的市民和相关企业之中，从而降低他们的生活和生产成本，事实上间接增加了上海市的个人所得税和企业所得税收入。但是假如采取从价计征，新疆维吾尔自治区这类盛产资源的省份的税收收入必然大涨，同时也意味着类似上海这样的资源输入地的生活和生产成本将相应提高，并带来税收收入的下降。所以，资源税最终由资源输出地或者资源输入地的地方政府征收都是正常的，同样很难说这部分税收是哪一个地方的

税收贡献。

以上两个案例说明，税收本来就是全部经济活动的一个有机组成部分，国家通常基于不同原因和不同目的把税收放在商品流通的不同环节或者纳税人身上，税收最终流入哪个地方政府或者哪一级政府手中，其道理类似于国家根据战略需要会把某产业或者某企业放到某地，但是企业放到某地并不等于这个企业就是你本地的企业。同样的道理，税收由你汇缴也并不等于税收就是由你创造，税收的所有权就属于你。

国家的税收体系事实上同一个家庭的收入并没有多少本质差别。如果家里有3个孩子，学习成绩都很好，但是因为家里穷无法供应所有的孩子上大学，结果老大、老二就被迫辍学打工供老三上学，那么老三大学毕业之后，如果找了一份好工作，收入较高，这个时候对家里多做一些回报，我们并不会认为这是他额外的贡献，而会认为这是他的责任，或者说是对老大、老二的补偿。

其实不唯国家，社会中同样存在类似的误解。比如夫妻两人，妻子如果正常工作，月收入可能15000元，丈夫月收入只有10000元，但是妻子为了照顾家庭和孩子放弃了工作做全职主妇，这时社会就会认为是丈夫在养家，似乎妻子为家庭没有做什么贡献。但是，假如妻子也工作，夫妻二人雇了保姆，保姆月工资7000元，即使双方各付保姆一半工资，结果就变成了妻子对家庭的净贡献是11500元，而丈夫对家庭的净贡献只有6500元了。丈夫的原来收入以及丈夫的贡献事实上并非真的等于自己数字上的收入和贡献。

所以，全国各省市的税收收入本来就是全国一盘棋，并非先有了各地的税收，国家再进行全国一盘棋的二次分配。这才是对"谁在养活国家"的正确理解。

最后，这里并不想否认那些经济发达的省市对国家经济以及税收方面的重要贡献，但是更要谨防对此认识不清而导致的省市之间鄙视链的产生以及由此导致的地区之间不团结等问题。

第三篇

税收行为与美好社会

八、如何以税收创造社会进取精神

经济学家通常会假定征税行为将导致工作积极性和经济活力的下降，这个观点是有问题的。本章将通过 NBA（美国职业篮球联赛）中的奢侈税案例来分析税收如何创造了社会进取精神。NBA 的篮球水平之高是地球人都知道的事，但是支持 NBA 市场良性运转的制度一般人却很少了解。这里要谈的奢侈税即为其中的一种支持性制度，而且，通过 NBA 的奢侈税案例还可以进一步管窥税收在形塑社会制度以及维持制度运行方面的作用。

（一）竞技体育为什么要设置奢侈税

所谓奢侈税，也称奢侈品税，很显然是对富人征收的税。何为奢侈呢？传统上指只有"大户人家"才能消费得起的物品。在现代社会，就是大家认为你在过一种奢华的生活，包括购买某种物品或者享受某种服务。通过征收奢侈税一是可以缩小贫富差距；二是可以增加国库收入；三是可以避免不良攀比的社会风气，防止社会撕裂。那么 NBA 的奢侈税是不是也是如此呢？

答案是：类似，但绝不仅仅如此。

NBA 的奢侈税计算起来比较复杂，这里略述其大概。

地球人都知道，NBA 是竞技比赛，既然是竞技比赛，每支球队就都拥有获胜的希望，这样大家才能年复一年地玩下去，这样 NBA 才会有长久的活力。如果有一天，某个球队的老板财大气粗，花钱把 NBA 最好的球员都揽到自己麾下，那总冠军岂不是如探囊之物？别的队岂不是毫无希望了？这种情况太有可能了，正是因为这种可能，NBA 联盟才审时度势地不顾某些超级球员和超级老板的反对，在 2001 年出台了奢侈税。

NBA 联盟规定，如果球队的球员工资超过了联盟总收入的 55%，那就要交奢侈税。比如，NBA 联盟挣了 100 美元，你可以最多发给球员 48 美元，发

给球员 55 美元及以上就要被征收奢侈税。这个奢侈税要缴多少呢？超过奢侈线（也就是那个 55%）每在球员工资上多花 1 美元，就要同时交 1 美元的奢侈税。这个奢侈税的确够奢侈吧？

如果个别老板不怕烧钱，能奢侈得起怎么办呢？这样奢侈税的初衷岂不是无法实现了吗？担心得有道理！所以 NBA 联盟在征收奢侈税的同时，还有另外两个阻止球队过度奢侈的办法。

第一，如果球队被征奢侈税，大约球员工资的 10% 将被托管的第三方没收。

第二，如果一个球队给球员工资太高，将很难把球员交换出去。因为 NBA 联盟规定，交易双方球队的球员工资必须对等，最多不超过工资的 20%。那也就是说，如果你一年给某个球员开出的工资是 1000 万美元，那么别的队想交换这个球员，也必须拿出价格差不多的球员交换。如果你这个球员"价美物廉"，自然很难换到等价等值的球员。

所以，像开拓者、纽约尼克斯队虽然老板非常有钱，不怕交奢侈税，但是他们的球员在交换的时候经常不太容易被交换出去，因此，他们的球队战绩也一直马马虎虎。有些球队为了避免交奢侈税，在交易球员的时候只好把某些球员白送出去，不需要对方付出价值相等的球员。

布鲁克林篮网队（原新泽西篮网队）在 2013—2014 赛季被迫缴纳了 9057 万美元的奢侈税，当时创造了 NBA 的历史记录。

这些奢侈税有一部分将分给那些工资比较低的球队，奢侈税的本意就是杀富济贫，缩小贫富差距。在 2013—2014 赛季，除了布鲁克林篮网队之外，一共还有其他四支球队也需要为 2013—2014 赛季的薪金投入缴纳税款，他们分别是纽约尼克斯（3630 万）、迈阿密热火（1440 万）、洛杉矶湖人（890 万）以及洛杉矶快船（130 万）。而每支不交税的球队将得到 300 万美元的税款分成。

2016—2017 赛季球队工资帽为 9414.3 万美元，奢侈税触发线为 1.13287 亿美元，随着联盟的年度审计完成，官方证实上赛季共有 7 支球队的工资总额超过了 8470 万美元的奢侈税线，需要缴纳奢侈税。除了骑士队的 5400 万美元（冠军球队，这 5400 万美元也可以视为夺冠的成本），还有其他 3 支球队的奢侈税数额达到了 8 位数，分别为洛杉矶快船队的 1990 万美元，金州勇士队的 1480 万美元和俄克拉荷马城雷霆队的 1450 万美元。

除了以上4支球队需要交纳8位数的奢侈税之外，其余3支需要缴税的球队分别为圣安东尼奥马刺队（490万美元）、休斯敦火箭队（490万美元）和芝加哥公牛队（420万美元）。

基于联盟的收入分配计划，总额接近1.2亿美元的奢侈税中有50%会被剩余23支不需要缴税的球队平分，这也就意味着每支球队能够分得大约250万美元。

如此奢侈税再加上NBA选秀权等相关制度的设置，使得NBA每支球队永远都有希望和机会把这种篮球竞技运动进行下去，全世界的篮球球迷也才能年复一年地看到NBA的篮球活力和超级水平。

我们都知道，美国人崇尚白手起家。但是从这个奢侈税制度中，我们也领略到了，白手起家是需要制度支撑的。

如果别人用财富用权力占据了更多的资源，那么越来越多的人将无法白手起家。因为从一开始你同人家就不能公平竞争。这样一来，不仅本来应该白手起家的人一直白手下去，那些能用财富和权力占据更多资源的人也不会再有竞争精神，资本主义制度赖以存在的竞争机制将遭到严重侵蚀，某一天资本主义也许就无法运转下去了。

资本主义固然是一种玩钱的游戏制度，但是他们也知道必须设置一种好的游戏规则才能让大家继续玩下去，不然，大家最终都会完蛋。其实遗产税制度背后同样也有这个精神，不让上一代的财富直接留给下一代，保留下一代的奋斗精神，防止下一代子女继承过多的财富造成竞争起点的不公；不过，如果财富捐给教育、医疗、慈善等事业就可以免除一定的遗产税，因为这些领域的发展惠及每一个人，每一个人都可以获得在该社会生存发展所必需的基本文化技能、医疗健康保障等。也就是说，让每个人都拥有一个能够进行竞争的初始条件。

不同的税收制度塑造不同的国民精神，如果想塑造某种国民精神，也必须考虑设置与之匹配的税收制度。

涉及富人应不应该多缴税的时候，富人经常使用的辩护理由就是"我挣的钱凭什么要分给你呢"？这里面有三个问题需要考虑：一是一个社会有必要让某些人特别富有吗？二是持续良性创造财富需要怎样的一个健康社会？三是税收行为（或者不征税行为）是在破坏还是在打造这样的健康社会？税收是一项公共决策，公共决策的本质是考虑公共利益，所以任何税收制度的设计不能仅仅从富人、穷人二者的关系来理解税收，而应该从社会整体的角度来理解税收的合理性。

NBA的奢侈税很好地说明了这一点，对奢侈球队的征税不是为了惩罚有钱的球队，也不仅仅是为了"接济"不奢侈的球队，而是为了NBA的整体利益，为了NBA的长期健康发展。

（二）奢侈税的税收功能与社会意义

孙中山先生曾经提出过"节制资本"的思想，其思想就是防止私人资本主义操纵国计民生，实为远见卓识。但是，在长期宣扬市场经济神话的情况下，一段时间内市场的逻辑或者说资本的逻辑主导了整个社会的逻辑，影响了整个中国的思想，市场经济异化成了金钱经济。更为要命的是，资本的力量还经常以社会力量的名义出现，把企业和民众都等同于社会力量，共同把二者视为国家的对立面，在思想领域就变成了国家与社会的二元对立关系。每当政府对市场进行干预或者规范的时候，代表资本力量的人就会出来说这是一种政治权力对社会权利的侵犯。

在当前，权利话语优于权力话语，所以，这样的话语逻辑经常为资本力量赢得了社会支持，而权力的正当作用却日益受到怀疑。殊不知，美国行政权力或者说联邦政府权力之所以能够崛起，主要原因就是为了遏制资本对力量社会的破坏性作用（当然，美国今日种种问题恰恰同政府未能遏制资本对社会力量的破坏，反而被资本所控制有关）。

在任何国家或者社会里，都会通过意识形态或者其他手段的灌输告诉国民去实现一定的目标，实现了某些目标在这个社会里你就是能人、英雄，是有成就、有美德的人。因为不同国家或者同一个国家的不同历史阶段有不同的文化背景，所以我们把这种目标称为一个国家或社会的文化目标。如果人人都接受了这种文化目标，社会自然就会呈现勃勃生机。但是如果人人都接受了这种文化目标，很多人却发现自己无法实现这样的文化目标，会怎样呢？

社会学家默顿认为，一般来说，针对一个社会的文化目标，刚开始大家都会采取遵从的方式，也就是从社会认可的手段获取文化目标。比如说一个社会鼓励大家致富，刚开始大家自然的行为可能都是遵纪守法，勤劳致富。也就是走正路，做老实人。如果此路不通，他认为就会有四种越轨（对规范的违背）的方式出现①：

第一，创新。接受社会的目标，但用一种非法手段去获得它们。就我们社会来说，就是信奉只要能达到目标，一切手段都是有手段的人。致富是我们这个社会的文化目标，相信很多人都是接受的，并且有点过度接受。所以盗窃、贪污、乞讨、卖淫、贩假、贩毒、欺诈等非法的致富手段开始出现，部分人甚至在价值观上已经接受了这种非法却有效的手段。出现这种现象，法律滞后也许是一个原因，但是合法的致富途径不足或者成本太高是另一个重要的原因。

第二，仪式主义。受到挫折后放弃了文化目标的人，仍然接受传统的行为规范，虽然这种仪式主义者放弃了工作中的积极进取，但他们却也因为能遵守工作规则而安然无事。对于这些人，保住职位即可，做事能出三分力决不出三分半力，这些人表面可能会发些牢骚，也可能扮潇洒，其实内心极其苦闷，因为内心不能肯定自己，外界又很难承认自己。

第三，隐退主义。他们放弃了文化目标和可以获得目标的制度化手段，那些借用酗酒或毒品来逃避追求成功的人就是隐退主义者。种种醉生梦死、放纵自己的人以及漂泊者、流浪者都可以归为这一类。

第四，反叛。反叛者认为社会已经不可救药了，他们放弃了社会的文化目标和它的制度化手段，他们试图用一种新的目标来替代原来的目标，革命家就是反叛者最极端的类型，其他的也可能表现为铤而走险，从事各种暴力活动。

默顿理论的启示就是，仅仅给予别人希望是远远不够的，更要给予实现希望的手段，如果只给希望，不给手段，其实还不如没有希望。没有希望，无所谓失望，有了希望，就会有失望。

从 NBA 的奢侈税当中，我们应该明白，税收并不仅仅是筹集财政收入的一种方式，税收既是重新分配财富的一种手段，也是影响社会制度运行的一种重要基础力量。因此，设计税收制度的时候，要把一个社会的价值观、实现价值观所需要的社会条件等因素考虑进去，充分发挥税收制度在形塑制度和维持制

---

① ［美］罗伯特·K 默顿. 社会理论和社会结构［M］. 唐少杰，齐心，译. 南京：译林出版社，2008.

度运行方面的作用，把社会的核心价值观建立在一种坚实的制度基础之上。

在深化改革的道路上，中国长期思考的一个重要问题是：市场和政府各自的角色和作用应该是什么？NBA奢侈税对此有一定的启发作用。工资帽不断地上涨说明要顺应市场的力量，但奢侈税的存在也证明了对市场自发力量干预的必要。

总的来说，奢侈税的作用包括以下几方面。

1. 防止富人用金钱来妨碍市场竞争。这一点很重要，不仅市场，在任何领域中，金钱都不是根本的激励力量，只有竞争才是。

2. 鼓励团队合作。比如在2019年，金州勇士队总薪资1.431亿美元，勇士队虽然总薪金排名第二，但是薪金结构却十分合理。库里续约，杜兰特为球队利益降薪，伊戈达拉、汤普森等名将纷纷留队。如果队伍中的球星只考虑提高自身的待遇问题，那么团队就无法强大。也就是说，自己的队友可能真的就是猪队友，拿到冠军的可能性就非常低，职业成就感、巨大的商业广告、巨大的门票收入可能都无法获得（不过勇士队2019年之后奢侈税在迅速增长，更加依赖市场的激励作用）。

3. 鼓励挖掘和培养年轻人。因为年轻人薪酬低，可以降低整个团队的薪酬，如果整个团队的薪酬没有触发奢侈税水准，那么对于老板来说就太划算了。因此，努力挖掘和培养年轻人就成为NBA的重要选择。同时，也能激励老队员的拼搏精神，否则很快就会被取代。

4. 推动管理者广纳贤才。

5. 抑制球员追求无限的高薪。如果薪酬过高，交换球员就存在巨大的障碍，球员本人可能无法进入自己喜爱的球队。

最后，我们看一下奢侈税的实际效果（见下表）。

2001年以来赛季30支NBA球队历史累计缴纳奢侈税及获得冠军的情况统计表（截至2021/2022）

排名	队名	缴纳奢侈税（亿美元）	总冠军次数
1	勇士	共缴5次奢侈税：3.378	4
2	篮网	共缴7次奢侈税：2.979	
3	尼克斯	共缴10次奢侈税：2.485	
4	骑士	共缴7次奢侈税：1.796	1
5	湖人	共缴11次奢侈税：1.718	4

续表

排名	队名	缴纳奢侈税（亿美元）	总冠军次数
6	独行侠（小牛）	共缴9次奢侈税：1.505	2
7	快船	共缴6次奢侈税：1.179	
8	开拓者	共缴6次奢侈税：1.091	
9	雷霆/超音速	共缴5次奢侈税：1.064	
10	雄鹿	共缴3次奢侈税：0.576	1
11	热火	共缴7次奢侈税：0.529	3
12	凯尔特人	共缴8次奢侈税：0.506	1
13	76人	共缴4次奢侈税：0.473	
14	魔术	共缴3次奢侈税：0.390	
15	猛龙	共缴3次奢侈税：0.320	
16	爵士	共缴4次奢侈税：0.309	
17	国王	共缴2次奢侈税：0.305	
18	森林狼	共缴4次奢侈税：0.252	
19	掘金	共缴3次奢侈税：0.212	
20	马刺	共缴6次奢侈税：0.175	4
21	太阳	共缴4次奢侈税：0.156	
22	灰熊	共缴2次奢侈税：0.113	
23	步行者	共缴3次奢侈税：0.089	
24	公牛	共缴2次奢侈税：0.081	
25	奇才	共缴1次奢侈税：0.070	
26	火箭	共缴2次奢侈税：0.056	
27	老鹰	共缴2次奢侈税：0.044	
28	活塞	共缴1次奢侈税：0.008	1
29	黄蜂	共缴0次奢侈税	
30	鹈鹕	共缴0次奢侈税	
总额		21.859亿美元	21

资料来源：奢侈税数据来源于福布斯网记者Mark Deeks的统计，每支队伍获得总冠军的次数来源于作者统计。

总的来看，工资高的球队夺冠的概率要高很多。但是很明显并非钱越多球队就越厉害。

从排名前12的情况来看，有7支队伍至少获得过一次NBA总冠军荣誉，但是有5支球队从来未夺取过总冠军，夺冠的概率分布比较分散，各队夺冠概率相差不大。而且，通过仔细分析：排名前6的球队，共计缴纳49次奢侈税，总计金额13.861亿多美元，自2001年以来共获得了11次总冠军；而从排名第7—12名的球队，共计缴纳35次奢侈税，总计金额4.945亿美元，同样时间内共获得了5次总冠军。奢侈税还是起到了兼顾市场激励与限制资本的作用。但从投入/产出上看，排名前6的球队平均起来每1.26亿美元的奢侈税投入才换来一个NBA总冠军，而排名第7—12名的球队平均起来一个总冠军的奢侈税成本为1.11亿美元，投入/产出效果更好。换句话说，虽然排名前6的球队获得冠军总数较多，但是单个冠军的成本更高，效率更低。

过去尼克斯队曾被认为是典型的人傻钱多型球队，缴纳多次奢侈税，总额又最高，但一次也没有夺冠。不过近三年网队在这方面已经超越了尼克斯，奢侈税总额排名第二却一次总冠军也没有获得过。马刺是最会经营管理的球队，缴纳6次奢侈税，累计才缴纳1750万美元，却能4次夺得全国总冠军。骑士队属于投入产出比较糟糕的球队，共缴纳了7次奢侈税，才获得了1次冠军，而且骑士队是唯一赢得了总冠军但是盈利却为负的球队。

九、如何以税收促进社会正义支付机制

正义就是给予每个人应该得到的东西。

——查士丁尼

吴京导演的《战狼2》电影上映的时候火得一塌糊涂，票房蹭蹭地往上涨，最终累积票房56.79亿元。不过与以往高票房电影不同的是，面对电影放映过程中票房不断上涨的情形，人们还在热情呼吁着更多人进入电影院去奉献票房，也就是说，虽说吴京已经赚翻了天，但是大家很开心地希望他能赚得更多。那么，如何理解这种现象呢？大家都认为当前社会普遍存在的仇富心理怎么一下子好像消失得无影无踪了呢？

很多人都会谈到电影的精良制作，扣人心弦的打斗，爱国主义的弘扬，各种武器的展示等。但是更让大家津津乐道的是这部电影演员的低片酬现象，所有演员哪怕是著名演员都是拿着很低的片酬来演这部商业片，电影投资的大部分钱都用在了电影制作本身。

大家之所以推崇这部电影，以集体狂欢的形式来推动票房高涨，一个重要原因是电影的投资原则体现出了社会久违的正义支付原则，即挣钱的多少应该同付出的多少有关，而不是与其他有关。大家之所以通过这部影片对小鲜肉现象讨伐不已，是因为所谓的小鲜肉基本没有多少演技，却依靠自己的容貌、卖萌、搞笑等方式获得极高的片酬，这就导致很多所谓的演员其实在电影还没有开拍之前，也就是说还没有付出劳动就已经拿到高额报酬，后面不管出多少力，演得怎么样，片子本身是赚了还是亏了，都和他们无关。这种支付机制怎么可能让演员们努力去演好角色呢，中国电影怎么可能上水平呢?！更何况畸高的演员片酬还严重压缩了对电影制作本身的投资！

所以，这样的支付机制不是一种良好的支付机制，更不是一种正义的支付机制。这样的高收入并没有体现高价值，不会激励财富获得者去创造社会

价值。这样的支付机制所导致的社会贫富收入差距拉大，必然伴随着社会严重不满和社会矛盾的爆发。很多国家都对社会贫富悬殊现象或者不平等现象比较关注，往往通过税收等手段进行调节，甚至直接采取行政手段对部分高收入者进行限薪。但是，《战狼2》现象已经表明，如果支付机制是正向的，收入与所创造的价值及付出的劳动相匹配，创造财富本身的行为是在提供社会正能量，是社会所喜闻乐见的，并不一定会导致社会矛盾激化，贫富悬殊本身不一定是社会问题。

上海金融与法律研究院研究员刘远举曾经在2017年7月9日《澎湃新闻》网站上发表了《"租购同权"只是解决教育资源不均衡的一个补丁》一文，其从支付制度角度关于学区房问题的论述非常精彩。

他说，从教育制度的支付角度看，家长想要获得更好的教育资源，却要支付巨额资金给与教育资源毫无关系的一个房东，真正的教育资源的提供者与创造者——老师与学校，反而得不到应得的激励。显然，这不是一个良好的支付机制。

而长期以来的现实情况是，能否受到良好的教育成了财富实力强弱的反映，富人通过购买学区房获得好的教育之后，再把学区房以更高价格卖掉，实际上等于没有支付任何教育成本，甚至还攫取了教育工作者创造的社会价值。因此，教育公平的实现，不仅是如何实现公平的问题，实际上还要有打破既得利益的决心和力量。

由此，管窥整个社会可以看出，不公平是一个很危险的社会现象，会导致很多社会问题，但是，解决不公平本身也是一个非常危险的社会行为，会导致更加意想不到的社会风险。如果任由不公平现象发展和蔓延，任何一种社会制度都无法运转下去，而最终将以更加激烈的方式重新实现社会公平。因此，对于不公平的治理是当前全世界面临的最大挑战。而我国党和政府已经开始义无反顾的应对这个挑战，因为这是实现人民美好生活必须要迈过去的门槛。因此，在2022年7月，北京市教委发布最新通知，要求北京16区全部开展教师轮岗，并于2022年9月实行。作为首都，这项政策的导向意义不言而喻。这则通知的背后，体现了党和政府直面教育和社会分配领域不公平的决心和勇气，学区房问题至此从政策层面来说已经得到解决，学区房现象也将慢慢淡出人们的视野。但学区房问题引发的税收设计思考却不应该停止。

通过税收来调节贫富差距过大的现象是世界各国普遍的做法，但按照托马斯·皮凯蒂在《21世纪资本论》中观点，从长期历史来看，不加制约的资本主义导致了财富不平等的加剧，市场经济解决不了这个问题。一般的累进所得税制（也就是对高收入者征收更高比例的税）也无法根本克服贫富差距扩大的趋势。主要原因是资本回报率高于经济增长率，更高于劳动力的回报率。因此他主张征收15%的资本税（财富总额），把最高收入人群的所得税提到80%左右。皮凯蒂也因为这个建议受到了很多自由经济学家和富人的大力批评，因为他们都害怕被征15%的资本税，更害怕被征收80%的所得税。在他们的观念里，资本低税率或者免税，有利于财富的创造，从而有利于整个社会，因此不应该对资本或者说投资行为征收较高的税率。

不过，在实际经济行为中，不是所有投资行为都创造财富和社会价值。正如上述的学区房问题，投资学区房固然可以获得高额的回报，但是学区房本身没有带来任何社会价值，其体现的是学校所创造的社会价值。这带来的最重大的提示是，税收，尤其是累进税收，应该针对那些不创造真实财富和社会价值的投资行为征收，然后转移到真正创造价值的社会或者经济行为上去。比如，可以对学区房的获利行为征收重税，然后把这笔钱转移到教育的投资中去，带动教育的发展，让杰出的教育工作者获得更高的收入，使得社会的收入与社会的价值创造行为一致，创造一种正向的社会激励机制。也就是说，税收的目标不应该仅仅是缩小贫富差距，还应该具有纠正社会非正义支付机制的功能，甚至该功能应该成为税收的主要功能。

这样做还有一个好处是，还能减少出国留学的比例，至少让出国留学变得更加理性。那些能花钱买学区房的人，自然也能花钱送孩子出国，如果在花费相差不多的情况下，还能到国外受到更好的教育，那么为什么不"理性选择"送孩子出国呢？

但是，如果通过对学区房或者学校附近的房子征税，并且把这些税收转化成对教育的进一步投入，则教育水平自然会越来越高。

同样的道理，为什么要打击炒房行为呢？因为炒房行为没有创造任何社会价值，反而导致了很多的社会问题，国家有什么理由要支持和保护这种行为呢？有人会说房产的交易创造了大量的税收，所以政府在很长一段时间内才会或明或暗地支持炒房行为。

而这恰恰说明了为什么税收很难调节贫富差距。

因为通过征税获得财政收入的行为会经常让政府忘记了征税的更重要的目的，税收很多时候反而成了助推贫富差距扩大的一个强大动力。为了体现税收正义，需要通过制度化的手段在现代税收体系中体现正义支付机制或者正义支付原则。这也是保障社会主义按劳分配原则的应有举措和必要举措。

财富的支出也是一样，为什么要对慈善捐款进行税收减免呢？因为这样花费财富的行为是在产生正向的社会价值，所以应该鼓励。同时对于炫富的行为应该在正常税收的基础上多征税，因为它在创造负的社会价值。

所以，纠正负的社会支付机制，鼓励正的社会支付机制，应该是现代税收体系必备的社会功能之一。

十、税酒政策与诗歌兴衰

诗与酒，酒与诗，可以说自古连理缔结，相从相随，互为灵魂，所谓"劝君酒杯满，听我狂歌词"，诗酒共同成为古代社会关系互动的重要媒介。在中国漫长的历史长河中，饮酒兴衰与文化兴衰有莫大的关联。而饮酒兴衰的原因莫过于禁酒令与酒税了，禁酒令与酒税体现着国家力量对社会关系的重塑与调整，进而影响诗歌的兴衰。

（一）国起而酒兴

据考古发现，我国大约在公元前7000年就已经开始酿酒了。现在一般把杜康看作是中国粮食酿酒的鼻祖。杜康本是夏朝的第五位国王，因为对酿酒的贡献后来就成了美酒的代名词，曹操《短歌行》有云——"慨当以慷，忧思难忘。何以解忧，唯有杜康。"曹操当时喝的解闷酒也不一定就是杜康酒，而是泛指美酒。

到了殷商时期，我国酿酒取得重大发展，这时人们已经能成熟地、大规模地制曲和用曲酿酒了。当时的酒已经有了很多类，比如酒（烈酒）、醴（甜酒）、鬯（chàng，药酒）等。说明当时农业已有较大发展，有较多的剩余粮食可供酿酒。但由于商纣王酒池肉林、穷奢极欲，惹得怨声四起，导致商亡。

周朝吸取了商朝灭亡的教训，周初开始禁酒。周公旦认为商朝之所以灭亡，是由于纣王酗于酒，淫于妇，以致朝纲混乱，诸侯举义。他专门写了《酒诰》告诫他的弟弟康叔（康叔被派去管理商朝的遗民），不要经常饮酒，只有祭祀时，才可以饮酒。对于那些聚众饮酒的人，要抓起来杀掉。"尽执拘以归于周，予其杀"。《酒诰》可以说是中国最早的禁酒令。

中国的酒文化据说也是从这个时候开始的。虽然周公搞大型活动的时候允许喝酒，但是他又觉得几个人坐在一起光喝酒很容易喝多，所以要求大家

喝酒的时候多玩一些游戏，总之就是你敬我、我再敬你的游戏，大家敬来敬去时间就消耗掉了，但是酒并没有喝多少，不容易喝醉误事；而且大家在玩敬酒游戏的过程中也践行了周公的道德文化，比如主客宾位的安排，敬酒的顺序要体现尊老敬老等，酒文化就从这里发端了。

在《诗经》中，虽然"酒"字出现了63次之多，与酒有关的诗歌占到了40多首（总共才305首），但是这些诗歌大部分都是出自《大雅》和《小雅》中，也就是说酒主要与贵族有关，普通老百姓没有机会畅饮。

春秋战国大部分时期基本上是不禁酒的（因为周朝纲纪已经崩坏），所以这个时候也是中国历史上一个文化灿烂的时期。百家争鸣，三教九流，中国人的思想得到前所未有的解放。但到了秦行商鞅之法时，对酒征收重税，让税额超过酿酒成本的10倍，而且规定不得私自酿酒，老百姓也不能饮酒。

其实，商鞅改革的目的归纳起来只有两点：一是种地；二是打仗。其中种地也是为了打仗，因为战争需要粮草。总之就是一切为了战争，一切服务于战争。因为酿酒需要消耗粮食，喝酒又影响打仗，所以秦国的酒政一方面禁止百姓酿酒；另一方面对酒实行高价重税。其目的是用经济的手段和严厉的法律手段抑制酒的生产和消费，鼓励百姓多种粮食；通过重税高价，国家获得巨额的收入。

自商鞅改革以来，秦国可以说整整五六代人全都是为了一个中心目标而不懈努力——通过战争统一中国。不过秦朝这种过于简单却又过于刚硬的方法在统一中国之后由于没有及时改弦易辙，导致短命而亡。

汉朝初年，因为战乱，粮食缺乏，所以汉初用萧何律令，规定三人以上无故群饮酒，罚金四两。其实汉高祖刘邦当年能够"斩蛇起义"，完全是因为酒精的刺激作用才有此胆量，所以刘邦刚开始的时候经常和兄弟们开怀畅饮。但刘邦称帝后，"群臣饮酒争功，醉或妄呼，拔剑击柱"，刘邦感觉朝堂成了娱乐场，不成体统，当皇帝的感觉远不如秦始皇那般威武，这种豪放不羁的饮酒方式引起了他的不安和忧虑。于是他请来大臣叔孙通，制定了一整套严格的饮酒朝仪。初试酒礼，结果"竟朝置酒，无敢喧哗失礼者"，刘邦终于感觉到了当皇帝的威严，很满意地说"吾乃今日知为皇帝之贵也"。礼仪生威严，中国自古是礼仪之邦，礼仪的目的之一是维持等级社会下权威的存在。

在古代，饮酒不仅是盛大的礼仪活动，也是重要的庆祝活动，所以政府虽然经常禁止老百姓饮酒,但酒文化却连绵不绝,未曾中断。汉武帝的时候,由于对匈奴连年用兵,府库空虚,于天汉三年(公元前98年)"初榷酒酤",对酒实行国家垄断生产和销售的制度。昭帝始元六年(公元81年),宣布撤销酒专卖,由民间酿造,征酒税每升四钱。所以,对民间酿酒进行征税始于汉代,可以称之为"初税酒"。也就是说这个时候国家完全放开民间酿酒,只不过需要向国家专门缴税,缴税之后可以自由经营,这是现代商品经济的一个显著特征。

按照今天的话来说,西汉之前我们主要以管制的手段来治理酿酒及喝酒问题,但是自西汉始我们开始用经济手段来调节酒的生产和消费问题。

以后各代实行征税制,也有朝代禁酒,但是大部分时间执行的是税酒政策。三国时期曹魏(虽然曹操很喜欢喝酒)和蜀汉都禁酒。隋开皇三年至唐代宗时期(公元583—763年),一百多年无酒税;宋代在三京(东京开封、西京洛阳、南京归德)之地由官府造曲卖与人酿造,购买曲货多者,准令开店酤酒,三年为期,三年期满再以购货多者承替。宋代官府也在城内设置酒务酿酒官卖或县镇乡间由民自酿,官府征税。张择端的名画《清明上河图》随处可见酒肆的招牌幌子,反映的就是当时的盛况,而且画中还反映了宋朝多种生产经营酒的方式,包括官方授权经营、军队直接经营和民间经营等。元代征税与专卖不定。明初禁酒,后开酒禁,税入留给地方备用。清初除边境及高寒地区外实行禁酒,后改征酒税。

(二) 酒税与唐朝的"诗酒文化"的兴衰

就是在隋至唐初这一百多年无酒税时期,辉煌斑斓的唐朝"诗酒文化"应运而生。

取消了酒税,意味着鼓励酿酒业的发展和民间饮酒的普及。这个时候是公家可以酿酒,私家也可以酿酒,家家户户都可以酿。唐朝的酿酒水平远超前代,酒类繁多,因水质、地域不同而得名的酒不下十几种,比如新丰酒、兰陵酒等;因药性不同而得名的酒也有十几种,比如菊花酒、茱萸酒、乳酒等;因为酒的颜色不同又有琥珀酒、黄酒、竹叶酒等,故有"兰陵美酒郁金香,玉碗盛来琥珀光"之谓。其他还有各种杂酒,比如腊酒(腊月所制之酒)、声闻酒（佛徒所饮之酒）、外来酒（比如胡酒）等①。当时的社会不管男女老少，是僧是道，都可以饮酒，没有人干涉。更重要的是因为没有酒税，酒肯定很便宜，免除了经济方面的后顾之忧，自然可以开怀畅饮。当官的饮酒也不会被视为形象不好而丢官。相反的是，当官的大部分还都是能喝酒的，不过也很少见误事。

唐太宗李世民本身就是个酒徒，还亲自酿酒。唐朝的几位皇帝，比如唐高宗、武则天、唐玄宗等都免费为老百姓提供过酒食，让他们开怀畅饮，这是唐朝官民同乐的节日，号称"大酺"。白居易也曾经写过《府酒五绝》诗，表达自己饮酒和免费招待朋友的乐趣。唐朝有个宰相李泌，天天饮酒自娱，政绩还不错。此人心胸宽阔，四朝元老，四次归隐，五次离京，不过还是在平定安史之乱中立下了大功。唐朝就是唐朝，虽然从上到下很多人沉湎于酒，但是社会清醒，人心未醉，大部分时间社会生活安定，犯罪率低。而且大唐帝国也没有被酒泡软，反而非常勇猛，"中军置酒饮归客，胡琴琵琶与羌笛"，成为中国历史上的一座难以逾越的高峰。

在唐朝，人们可以轻轻松松地饮酒，也可以轻轻松松地写酒、唱酒，对酒当歌，直抒胸臆。这样的社会氛围催生与促进了唐宋文学的繁盛。唐宋文学中的诗文几乎有一半是在酒兴中写出来的。现存的50000多首唐诗中，直接咏及酒的诗就逾6000首，其他还有更多的诗歌间接与酒有关。可以说，唐诗中有50%以上是酒催生出来的。因此，有人说酒涌诗华，从唐诗的创作来看，一点儿也不为过。

酒精让人精神亢奋，又让人敢于表达内心深处的想法，酒精也会催生离别、爱情、兄弟之情愫，所以酒的音符就和诗的篇章紧密地结合了起来。李白以"斗酒诗百篇""会须一饮三百杯"为人所共晓，博得"醉圣""诗仙"雅名；而杜甫也是经常酒壶伴身，"得钱即相觅，沽酒不复疑""朝回日日典春衣，每夕江头尽醉归"，直到"浅把涓涓酒，深凭送此身"。刘禹锡著名的诗句"沉舟侧畔千帆过，病树前头万木春"的下一句即为"今日听君歌一曲，暂凭杯酒长精神"。

在杜甫现存的1400多首诗文中，谈到饮酒的共有300首，为21%强；李

---

① 肖文苑. 唐诗与酒 [M]. 天津：百花文艺出版社，2010.

石湾窑李白醉酒依缸像（清 广东省博物馆藏）

白的 1050 首诗文中，谈到饮酒的共有 170 首，为百分之 16% 强[①]。这是从现存的"诗圣"和"诗仙"的作品中得到的统计数据。因为李白作品在安史之乱后遗失十分严重，所以我们不能以此认为在诗酒方面"诗圣"强而"诗仙"弱。另一位大诗人白居易自称"醉司马"，诗酒不让李杜，创作与饮酒有关的诗词 800 首，比李白的 170 多首、杜甫的 300 首都多，且写了歌颂饮酒之文《酒功赞》。白居易固然不如杜甫那般穷困，但是也是因为长期嗜酒，中年时又遭权贵排挤，心情也曾经郁闷过一段时间。看来好酒也不能贪杯啊，心情不好时更要少喝酒。

唐朝著名的诗酒除了李白、杜甫、白居易三位重量级诗人的诗作之外，还有很多我们小时候经常背诵并激动不已的诗句，比如王翰的《凉州词》："葡萄美酒夜光杯，欲饮琵琶马上催。醉卧沙场君莫笑，古来征战几人回。"王维的《送元二使安西》："渭城朝雨浥轻尘，客舍清清柳色新。劝君更尽一杯酒，西出阳关无故人。"

唐朝书法家张旭，被后世称为"草圣"，当时号称"张癫"。张旭三杯酒

---

① 郭沫若. 李白与杜甫 [M]. 北京：中国长安出版社，2010.

醉后，豪情奔放，绝妙的草书就会从他笔下流出。他无视权贵的威严，在显赫的王公大人面前，脱下帽子，露出头顶，奋笔疾书，自由挥洒，笔走龙蛇，字迹如云烟般舒卷自如。"脱帽露顶王公前"，这是何等的倨傲不恭，不拘礼仪！它酣畅地表现了张旭狂放不羁、傲世独立的性格特征。

如果不是当时国家放任酿酒、饮酒，对酒免税，恐怕在书法史上也不会有狂草艺术的诞生。其实另外一位大狂草家怀素和张旭齐名，后世有"张颠素狂"或"颠张醉素"之称。他也能作诗，与李白、杜甫等诗人都有交往。与这些人交往，自然也免不了饮酒。他每当饮酒兴起，不分墙壁、衣物、器皿，任意挥写，时人谓之"醉僧"。从"颠张醉素"的称呼上看，估计他比张旭的酒功更甚。

但是到了公元763年，由于财政紧张，唐代宗下诏令全国卖酒户按月缴纳酒税；到了公元786年，对地方设店卖酒者，斗酒纳税150钱，税率达50%，税收负担沉重；唐朝的"诗酒文化"也因此走向衰落。文学史把公元765年确定为盛唐文学结束之年[①]，看来也并非纯属巧合之举，足见国家税收政策对文化发展的巨大影响。

（三）宋朝：酒生豪迈，也入愁肠

唐诗与酒的结缘，影响到了宋词与酒的结缘。虽然宋朝对酒征税，但是这个时候中国的商品经济已经达到了一个新的高度，宋朝酒文化在唐朝酒文化的基础上继续传承和发展，比唐朝的酒文化更为丰富。宋朝时，酒业更为繁盛，由唐朝规模较小的酒家发展为档次较高的酒楼，并且开始注重酒楼的品牌经营。酒作为一种特殊的饮品被人们附加了许多精神层面的内容。迎来送往需要接风酒、饯行酒；军队出征需要喝壮行酒；胜利后要饮庆功酒；生辰寿诞需要祝寿酒；乔迁、升职要置庆贺酒；洞房花烛要喝合卺（jǐn，交杯酒）酒，亲朋好友相聚需要把酒言欢，各类宴会需要以酒助兴，皇帝奖赏功臣赐御酒，给死罪臣赐毒酒。总之，酒作为一种物质形态的饮品与意识形态

---

① 钱穆．中国文学史［M］．成都：天地出版社，2015．也有人把杜甫去世的770年视为盛唐文学结束之年，虽然年份有别，但都说明了酒税的诞生与盛唐文学结束之间明显的因果关系。

的共同载体，已深入社会生活的方方面面。我们从《水浒传》中可以对此社会现象管窥一二。

所以，宋代文人与酒的关系相比唐朝毫不逊色。在《宋词三百首》中，提及酒的竟达128首，尤其引人注目的是女词人李清照，《宋词三百首》中选了她的词5首，竟然篇篇有酒！不同的是，唐朝诗人饮酒作诗的时候，让人感觉到更多的是一种冲天豪迈或者说粗犷悲壮情怀，主题也多为家国，这与唐朝整体向上的精神有关。但是宋朝时期在对外战争方面基本处于守势，甚至是长期处在一种山河破碎、人世飘零的状态之中，所以反映到宋词中的精神也有了很大的变化。不仅出现了婉约派，用极富细腻的笔法抒发自己的愁、苦、闷等情绪，甚至宋词里面的豪放派人物，比如苏轼、辛弃疾等在表达豪放之情怀的同时，也经常会出现体现个人生活情感的句子。

比如苏轼虽然有"酒酣胸胆尚开张"的豪迈，但是同时也有"明月几时有，把酒问青天""人生如梦，一樽还酹江月""一蓑烟雨任平生"的淡淡愁绪。再看辛弃疾，"谁共我，醉明月""醉里挑灯看剑""醉里且贪欢笑，要愁哪得功夫"，是不是有种"势从天落"的感觉？再看其他几位，北宋初年，范仲淹更是"酒入愁肠，化作相思泪"，晏殊是"一曲新词酒一杯"，柳永是"归来中夜酒醺醺"，欧阳修"三杯两盏淡酒，怎敌他、晚来风急"，写尽了诗酒飘零、身影孤寂的感觉。

唐宋以降，后世中诗酒联姻的传统仍硕果累累，但都无法再重现唐宋诗酒文化的高峰。不过更可悲的是，当今，好酒是越来越多，好诗好词却越来越少；酒吧是越来越高级，诗刊却越来越蹩脚。甚至写诗的人越来越众多，读诗的人却越来越稀疏，更不用说用来传唱了。

十一、税收怎样影响女性的地位

（一）古罗马与中国汉朝的税收对女性地位的影响

在古罗马奥古斯都时代，曾经对罗马的中上层人士即骑士阶层和元老院阶级有这样的规定，男性在 25 岁到 60 岁、女性 20 岁到 50 岁之间，必须结婚，如果不结婚必须付出一定的代价。如果是女性独身，不管你是一直独身还是寡居一年之后独身，只要没有孩子，50 岁之后不再享有任何继承权。如果拥有 5 万赛斯特斯以上的资产，50 岁之后必须转让给他人，不允许持续持有（大约能买两个奴隶，也就是说如果不结婚，基本不给你留什么钱财了）。如果财产没有超过 2 万赛斯特斯的，即使不到 50 岁，只要没有结婚，都必须每年向国家缴纳财产收益的 1%。

总之就是让你认识到，如果到了结婚年龄不结婚生子，从现在开始一直到晚年一定过得很凄凉。为什么这样规定呢？因为在古代，人是最宝贵的资源，人口数量决定国家兴衰存亡，没有生育的女性等于没有为国家做贡献，也就是说没有尽到公民的义务，因此没有资格享受罗马的基本法之保护私有财产的权利。从这里可以看出，私有财产神圣不可侵犯自古就是有条件的，你的财产永远不值得别人无缘无故地保护，除非这种保护有利于增进社会的整体福利。

所以，奥古斯都要用惩罚性的财税手段促使女性结婚生育。对于男性来说，比女性要好一些，因为男性一直是享有免交直接税的权利，但是不结婚同样也会有一些对之不利的规定，对自己财产的自由权也会受到是否结婚生子的影响。如果男性公民没有孩子，不管有多少资产，都没有资格把遗产留给法定继承人以外的继承者（古罗马盛行把好友、知己列入财产继承人之列），如果有了第一个孩子，就拥有了这项权利。不仅如此，结婚生子者在竞选公职、进入元老院、去行省当总督以及升职等方面相对于独身者都具有优先权。如果中国今天有这样的规定，估计剩男剩女就会少很多，大家都不会挑三拣四了。

上述古罗马有关税收的规定，影响的不仅仅是生育率和人口的增长，很明显还会对男女的相对地位产生很大的影响。如果只对不结婚的女性征税或者对女性征税更重，会降低女性在社会上的地位；如果只对不结婚的男性征税或者对男性征税更重，会降低男性在社会上的地位。所以到底重男轻女还是重女轻男，经济因素扮演着至关重要的角色。

在中国汉朝，为了促进人口增长，也曾有过类似的规定。公元前189年，汉惠帝曾规定："女子年十五以上至三十不嫁，五算。"什么意思呢？就是说如果女子到了15岁之后还没有嫁人，对之征收的人头税就要按照以往5倍征收。在西汉，7到14岁的小孩一年要交20钱的口赋。汉武帝的时候，从3岁就开始征收，而且征税额也上升到了23钱。如果按照这个计算，女子到了15岁还没有出嫁，大概每年就要交纳115钱的人头税，一直交到30岁。所以古代重男轻女太正常不过了。

这种税收制度会导致女性在婚姻关系中处于更不利的地位，因为你必须想办法赶紧把自己嫁出去，不能有片刻耽误，这样导致女人在家庭中的地位更加低下。现在很多重男轻女的地方还认为生个女儿是"赔钱货"，看来在汉朝生个女儿才是个真真正正的赔钱货。大家可以想一下，如果反过来规定：男子到了15岁以上至30岁不娶，五算，会如何？当年21岁的霍去病讲出豪言壮语"匈奴未灭，何以家为"之时，是不是也要慎重地考虑下因为延迟结婚而多纳税的问题呢？虽然霍去病去世的时候才24岁，毫无疑问生前缴纳"五算"之税了。当然，古代上等人士经常不用交税。古代主张"男大当婚，女大当嫁""先成家后立业"，是不是当初也是为了避税呢？

中国的汉朝和西方古罗马时代，在促进人口增长方面，都想到了通过税收的方式来刺激结婚生育，而且都不约而同地采取了不利于女性的税收方式，一方面是重男轻女的表现；另一方面也加重了重男轻女的社会心理。不过中西方在重男轻女方面还是呈现出了重大的不同。

在中国，古代主张一夫多妻（严格来说，是一妻多妾制度），在这样的婚姻制度下，女性的地位自然不如男性。而且为了避免多妻多子带来的继承纷争，又在国家层面和社会层面都采取了嫡长子继承的制度。这样的制度并没有带来继承权的平稳实施，反而加重了继承权斗争的残酷性。道理很简单，别的儿子想取得继承权的唯一办法不是让自己变得更优秀，而是消灭掉嫡长子，让自己变成嫡长子，这样自己在遗产继承方面才能排上号。所以中国的历史充满了弑父杀兄的悲剧故事，而不是合理竞争的故事。在这种继承制度下，皇家嫡长子哪怕是个白痴也可以继承江山社稷，真是有点儿荒谬啊。这种制度的另外一个后果就是加剧了重男轻女现象，因为女性基本没有继承权，母亲的地位直接由儿子来决定，即母以子贵，所以在古代不重视女儿是现实合理的选择。

在西方，从古罗马时代开始，基本上就是一夫一妻制，这种制度首先在婚姻家庭的形式上就有利于男女平等，又由于一夫一妻制度很难保证自己生的是儿子或者女儿，所以就会促进男女享有平等继承权的社会制度的产生。在古罗马，一夫一妻制度还促进了继子继承制现象的出现，如果统治者自己没有儿子或者女儿，或者觉得自己的子女比较逊色，就会物色一个比较聪明能干有前途的孩子，把他过继到自己膝下作为自己的养子，将来传位于他或者把自己的财产让他来继承，这样的继承制度就比中国的嫡长子继承制有特别优势。

可以翻看一下中国历史，我们引以为傲的中国历史上的好皇帝，几乎没有一个是嫡长子，比如汉武帝、唐太宗、宋太祖、唐玄宗、康熙帝等，也就是说秦皇汉武、唐宗宋祖没有一个是嫡长子（宋太祖赵匡胤其兄早夭，勉强算是嫡长子）。而古罗马第一位皇帝奥古斯都就是恺撒的养子，而奥古斯都之后也是他的养子提比略继承了皇位，他们都是罗马历史上杰出的皇帝。而罗马历史上最著名的五贤帝时期，即从公元96年至公元180年，更是书写了继子继承制的传奇，这段时间可以说是罗马历史上最为和平安定、政治清明、社会繁荣、人民富裕的时期，五位贤帝分别为他们分别为：涅尔瓦（Nerva）、图拉真（Trajan）、哈德良（Hadrian，"勇帝"）、安东尼·庇护（Antoninus，又译安东尼努斯·庇乌斯）以及马可·奥勒留（Marcus Aurelius，又译马克·安东尼努斯，或马尔库斯·奥列里乌斯，著有《沉思录》的"哲学家皇帝"）。从涅尔瓦开始，这五位皇帝采取的都是继子继承制，这种继承制度不仅保证了权力继承的稳定性，而且保证了选拔出来的皇帝的德行、智慧、勇气都是超群的，以至于《罗马帝国衰亡史》的作者爱德华·吉本把五贤帝统治时期称为"人类最幸福的年代"。更值得深思的是，公元180年五贤帝的最后一位皇帝奥勒留去世之后，他的亲儿子康茂德继承了皇位，康茂德是一个十分残暴的皇帝，从他开始，罗马由盛转衰，并且从此一蹶不振。继承制的不同可以说是影响中西方文明发展的一个重要因素。

（二）遗产继承制与女性地位

有些事情看起来类似，但是某些不起眼的差别却会造成迥异的社会结果。

在资本主义发展之前的英格兰，家庭的财产继承也曾经主要采用长子继承制（他们只能有一个老婆，不存在嫡庶之分，所以没有嫡长子之说），但是在英国这种制度下却使得家庭资本能够保持下去，不会衰微，从而有力地促进了资本主义的发展。因为他们会把其他较小的儿子打发出去就业或者从商，一是防止继承权的争夺；二是因为其他幼子没有继承权必须提前考虑未来的生计问题。从某种程度上说，大英帝国扩张的动力就源于这种"次幼子综合征"[①]。

较小的儿子从小就清醒地认识到他们不能指望任何人，只能自力更生，只能早点去建功立业。这好比一把利剑指着他们的后背，逼着他们不停地努力苦干。所以，这些英格兰时代的孩子们，年纪轻轻就离家出走，赶赴东西印度群岛、中国、澳大利亚，搜刮全世界，然后回国建立家庭。如果没有出海闯荡，许多英格兰的儿童也会在年纪很小的时候被送出家庭，通过佣工或者学徒制，由别人带大。如果家里比较富有，会被送出去接受大中小学教育，所以19世纪的时候英国兴起了寄宿学校。1497年据一位威尼斯驻英国大使的描述，英格兰人将子女在家中留养到7岁，最多9岁，然后不管男孩女孩，一律打发出门，送到别人家去艰辛服役，在那里一般羁留7—9年，这就是学徒[②]。

学徒期满是不是父母就会把子女领回家呢？不是的，经常的情况是子女

[①] ［英］艾伦·麦克法兰. 现代世界的诞生［M］. 管可秾，译. 上海：上海人民出版社，2013.
[②] ［英］艾伦·麦克法兰. 现代世界的诞生［M］. 管可秾，译. 上海：上海人民出版社，2013.

一去不复返，到大千世界自己打拼去了，之后就会另立门户，自己创造财富。总之，如果是穷人家的孩子，就会在7—10岁的时候离开家庭去做佣工；如果是中产阶级，就去做学徒；如果是富人，就去服侍更富有的人家，或者去读寄宿中小学和大学，之后就要自谋生路。所以，在当时的英格兰，长子继承制一方面保持了必要的资本的完整性；另一方面又导致了追求财富的巨大动力，所以资本主义在英国率先发展起来了。

资本主义的动力竟然是孩子们努力摆脱被家庭抛弃的恐惧感所致——历史总是在不经意间让我们感到惊叹和震撼！

所以，西方很多国家为什么征收遗产税呢？这是逼着每一代人都必须去创造财富，征遗产税具有很深的历史根源。而在中国古代，比如《唐律》明确规定，如果父母健在，孩子长大了想分家或者自己独立生活，属于十恶不赦其中的第七恶，对于这种寻求独立人格的年轻人，人人有权进行谴责，可以把他送官府，是非死不可的罪。政府也许是想通过限制人口的流动减少社会矛盾，并且稳定农业户口，从而保住赋税的来源。但是，这种限制人口流动的做法却加剧了家族内部继承权的争夺，中国历史上屡见不鲜的兄弟反目、父子凶杀不能不说与此有关。而且这也限制了商业的发展并同时限制了新税赋的出现，中国的国家性格也因此变得越来越内敛。

在中国，勤劳致富的父母想的都是自己吃苦受累，把财富留给后代，觉得征收遗产税是不可理喻的事情，我的财富凭什么要拿出一部分分给毫不相关的人？物竞天择，适者生存，如果从自私的基因角度来说，中国父母的这种情绪好像是非常合理的，自己的子女继承了自己的财产之后就能有一个比较稳定的起点，在竞争中更容易脱颖而出。但是我们同样无法理解的是，古罗马为什么能够克服这种人性之中自私的基因，可以不把财富留给自己的子女，而是留给其他亲戚朋友呢？或者留给继子女呢？这违背人性和基因的自私本性啊？！

从整个社会的结果来看，我们无法说古罗马这种继承制度是不明智的，古罗马的这种制度让财富尽可能地留在了更为杰出的人手里，这种制度给古罗马带来了繁荣昌盛，而这种繁荣昌盛会惠及每一个家庭。在中国的传统文化里，我们也认为古代的尧、舜、禹的禅让行为不仅是一种美德，而且是一种对社会具有实实在在好处的优良接班制度，但是，这种中国版的"理想国"

并没有继续传承下去①。

如果仅仅从生物学的角度来看，这是从个体还是从整体来理解"物竞天择，适者生存"的问题，整体的进化观显然更有进化优势。但是目前大部分人接受的却是个体层面的进化观念。

在美国，遗产税的存废问题也一直有争议，双方争议的核心其实也是同这两种观念有关。2015 年，美国众议院筹款委员会以 22 票对 10 票签署了一项废除遗产税的法案。

赞成废除遗产税的布雷迪议员（美国参议院商业、科学和运输委员会主席）说到：究竟什么样的政府，才会在你死亡时像秃鹫一样夺走你将近一半的毕生积蓄？他表示，遗产税依然是家庭农场与家族企业不能保留至下一代的第一大原因，现在，是时候结束这种不道德的税收政策了。

而反对者（华盛顿的民主党人吉姆·麦克德莫特）则质疑说：你不能把 23000 英亩的土地称为'家庭农场'。简单地说，财富或者资产保留在家族内部，对家族当然是一件好事，但是对于整个社会来说，可能导致富则更富、穷则更穷，穷人永远无法翻身，这不利于整个社会的进化和发展。

即使中国采用遗产税或者继承税，恐怕采用荷兰式的模式更容易让人接受。荷兰相关的法律规定，儿童和妻子继承可以免税，如果是兄弟继承了财产，按照 5% 的税率纳税，更远的亲属继承税率会进一步增加，陌生人要缴纳 30% 的税。这比较符合中国人亲疏有别的思想。

在中国，是否征收遗产税一直是个很有争议的话题。其实不征遗产税也容易造成男女不平等，这是为何呢？在中国，法律规定子女甚至继子女、养子女都具有同样的继承权，但实际上因为各种原因除非是独生子女，一般来说大部分财产还是由儿子来继承，主要的财产比如土地、房屋以及大部分的钱财是如此，农村更甚。如果开征遗产税或者把遗产看成个人所得进行征税，对于父母来说，最划算的办法要么是把财产捐给慈善机构，要么就把财产平均分给自己的子女，这样才能尽可能地把财产留给自己的后代而不是留给国家。

---

① 也有史料认为在尧、舜、禹时代根本就不存在禅让行为，舜和禹实际上都是通过"政变"上位的。根据《竹书纪年》的记载，舜是囚禁了尧才夺得权力，而尧本意是想让自己的儿子丹朱继位的；而禹因为治水成为权臣，放逐了舜才得以继位。

以美国举例说明。

美国联邦遗产税使用超额累进制，税率分成17个等级，从18%~55%，但是税率经常处在变化之中。一个人要想将自己的财产在死后传给后代，在美国就需要生前立下遗嘱，明确表明谁是财产的继承人。如果没有遗嘱，一个人死后的财产自动转给配偶（在中国，这种情况配偶与子女享有同等的继承权）。要是一个人生前既没有遗嘱也没有配偶，一旦过世这财产由谁来继承就要由法院来判决此人的后代是否可以合法继承财产。而且在美国，遗产税要由继承人来缴纳，而且是先纳税然后才能继承并分配财产。我们先看美国从2001—2013年遗产税最高税率的变化及个人豁免额。历史上，美国遗产税的最高税率曾经达到77%。见表11-1。

表11-1　2001~2013年美国遗产税最高税率一览表

年度	最高税率（%）	遗产税个人豁免额（万美元）	隔代资产转让个人豁免额（万美元）
2001	55	67.5	106
2002	50	100	110
2003	49	100	112
2004	48	150	150
2005	47	150	150
2006	46	200	200
2007	45	200	200
2008	45	200	200
2009	45	350	350
2010	0	无须缴纳遗产税	无须缴纳遗产税
2011	35	500	500
2012	35	508	512
2013	55	100	136

资料来源：乔磊. 美国政府如何征收遗产税. 理财周刊[EB/OL]. 2014-12-24.

通过表11-1你是不是突然有重大发现呢？如果中国也按照100万元（人民币）免征额征收遗产税的话，恐怕不交税的人不多了，随便继承个房子都会超过100万元。

再看一下美国遗产税的17级累进税率。见表11-2。

表11-2 美国遗产税的17级累进税率

级数	应纳税遗产额（万美元）	税率（%）
1	0~1	18
2	1~2	20
3	2~4	22
4	4~6	26
5	6~8	28
6	8~10	30
7	10~15	32
8	15~25	34
9	25~50	34
10	50~75	37
11	75~100	39
12	100~125	41
13	125~150	43
14	150~200	45
15	200~250	49
16	250~300	53
17	300以上	55

资料来源：乔磊. 美国政府如何征收遗产税. 理财周刊[EB/OL]. 2014-12-24.

结合表11-1和表11-2，我们以2013年为例，假设你是一个美国公民，现在有一个乖巧的儿子和一个可爱的女儿，但是因为你觉得女儿以后会成为别人家的媳妇，所以你爱你的儿子比爱你的女儿更多一点。再假如你目前拥有200万美元存款，并且预料自己不久将离世，所以你准备写遗嘱安排后事。依据你的本意，原打算想把200万美金全部留给儿子，不准备留给女儿，那么结果会怎样呢？

首先，你儿子是可以拿到其中的100万美元，那么剩下的100万美元你儿子可以拿走多少呢？大约70万美元！也就是政府要拿走30万美元。而你都不舍得留给自己的女儿一分钱，但是现在却需要向政府缴纳30万美元，你会不会觉得自己很傻呢？不仅如此，如果你现在的存款超过300万美元的话，政府拿的恐怕比你儿子得到的还要多。

不过你还有另外一种选择。如果你把200万美元的存款分给儿女各100万美元，其实他们就不用交税了，各自就得到100万美元了，你辛苦一生的收入都用来福佑儿女了，不用再把钱交给你根本就不认识的人了。在你眼中，男女绝对是平等的，不是因为你更爱女儿，而是你更不喜欢把钱交给他人，女儿因为取得了事实上的遗产继承权，就会大大改善自己的经济状况，提升自己在社会中的地位以及相对于男人的地位。在中国，高昂彩礼现象估计也因此会逐渐消退。美国的遗产税简单来说不会让你富过三代，每代人都得努力奋斗。

《国富论》的最伟大的原理就是想办法确保富不过三代，这样每代人才会持续努力创造更多财富，而且这样不会产生中国所谓的"富二代"现象。更为重要的是，女性会在事实上取得与男性一样的继承权。另外，美国的遗产税也是很多美国人不愿意进行储蓄的原因——辛辛苦苦攒了一辈子的钱说不定就交给国家了。税收本来的目的是为了公共利益，所以在美国唯一不用交遗产税的理由就是你拿自己的财产做公益事业——成立私人基金。即使如此，国会也会制定详细的规章和税收惩罚措施来防止基金变成家族的表演。

（三）婚姻、税收与女性地位

令人困惑的是，无论中外，促使生育的税收制度好像并没有明显促进人口的增长，统治者也许没有想到，鼓励人做出某种行为采用奖励的办法可能比惩罚的办法更有效。惩罚性的人头税可能会促进早结婚，但是能否促进人口增长就很难说了。多生个孩子就要多交人头税，收成好的时候还可以，若收成不好丢儿弃女恐怕也是不得已的选择。惩罚不如奖励，所以还是康熙大帝厉害，他直接规定"永不加赋"，即对新增加的人口不再征收人头税。结果中国人口从清初的1000多万增加到了清末的4亿多，直接奠定了今天中国人口的基数。

时至今日，依然有个别国家在祭出税收的手段来促使人们结婚生子。现在全球已经进入单身时代，据2010年的一份统计资料显示，英国结婚人数已经跌至近150年来最低，法国每三户人就有一户是单身，德国柏林独身人口达到54%，日本30~34岁男青年未婚率47.1%，女青年为32%，韩国正式宣布进入"单身全盛时代"。对于这种现象，西方可能觉得比较正常，结不结婚是个人选择，无关乎别人。据说匈牙利结婚的人的比例只有12%，其他人要么单着要么就同居而不结婚。但是在东方文化里，结不结婚就不仅仅是个人选择的事情了，而且还是为家庭尽义务的重大事情，男的就是不忠不孝，女的就是在为家庭添堵。

同时，面对单身盛行而导致的低生育率和老龄化等问题，政府也无法坐视不管。2015年韩国政府推出税改方案，涉及未婚人士、多子女家庭、生育和领养、养老金缴存比例等方面。因为税改的内容对未婚职场人士最为不利，所以号称"单身税"。据推测，年收入6600万韩元以上的未婚职场人纳税金大幅上升，年收入2000~3000万韩元的未婚职场人要多缴纳20万韩元左右税金，折合人民币1100多元。而韩国的单身人士本来就享受不到家庭赡养减免税制、教育和医疗费减免税制，这样一来就更加困苦了。

中国的房产政策曾经导致了假离婚盛行，不知道韩国的单身税政策会不会导致假结婚盛行呢？看来韩国税收政策里面还要附加上唯有生育子女才可以获得税收减免才行，这样通过假结婚避税的目的就无法达到了。2017年1月11日，韩国知名婚介所DUO和首尔大学心理学系教授崔仁哲共同发布了《韩国未婚男女生育观念》的报告，针对1000名25~39岁未婚男女生育观念的调查显示，17.8%的受访者回答"没有生育计划"。后续的事实也证明了这次调查。自2017年起，韩国的新生儿人数迅速下降。2012—2016年，韩国年均出生人数维持在40万左右。2018—2020年，韩国的总和生育率连续3年下降，分别为0.98、0.92、0.84。2020年韩国的新生儿人数仅为27.24万人，当年死亡人口创下历史新高，达到30.51万人，这是自1970年有相关记录以来，韩国死亡人数首次超过出生人数。

日本也在讨论单身税的问题，日本的单身税与古罗马的税收制度颇为类似。日本人主张对单身人士征税是因为那些结婚生子养家糊口的人士觉得自己在为国分忧，而那些单身人士或者伪单身人士由于没有为国担责（即没有为国家养育后代），因此生活压力比自己小，生活水平比自己高，这不公平。

所以，结婚并养儿育女的家庭认为那些单身人士应该以税收的方式奉献自己的收入，来帮助自己养儿育女，共同为国分忧，这样才无愧为有担当的日本公民。不过 2004 年该方案提出之后，截至 2017 年仍在讨论之中，仍然未能变成实际法案。

1987 年苏联就开始征收"无子女税"，对不生孩子的"丁克"家庭征收无子女税，税率高达月收入的 6%。这个钱收上来用于设立"母亲基金"，为生育二胎及更多婴儿的家庭提供补贴。据说，在种种刺激下，2013 年俄罗斯出生率首次超过了死亡率。俄罗斯总统普京曾经说过，一家三个孩子应该成为俄罗斯的标准。没有达到这个标准的，只能自己掏腰包来支持别人生孩子了。这让我想起了古代的徭役，大家都得去修长城，你不愿意去，好吧，拿钱来吧，给那些愿意去修的人。想想也是，我们一年增加几千万人的确是个大问题，但是对于俄罗斯这样地广人稀的国家，连续的人口减少恐怕是一个更加巨大的问题。俄罗斯从 1992 年苏联解体开始人口已经连续 20 年下降了，在每年数十万移民的情况下，这 20 年的总人口减少了将近 800 多万，2013 年才止跌回升，有所好转，"无子女税"功不可没。

采取税收的方式鼓励生育，固然会引起一些人士的抗议，说这种税收干预了他们对生活的自由选择权，但是支持者会说是为国家提供适当的劳动力（拔高一点儿说是为国家提供战略资源）也是他们的义务。但是，如果他们国家的人口结构像中国一样存在男女性别失衡怎么办呢？再怎么使用税收激励或者税收惩罚也不会产生所希望的效果啊。比如俄罗斯就是女多男少，女的占 54%，男的占 46%，不管怎么激励或者惩罚，总会有人剩下吧？总不能倒退到一夫多妻或者一妻多夫制时代来解决剩男剩女问题吧？不是男人受苦就是女人遭罪，总要有人交税。

在中国，有的经济学家认为中国男女比例失衡会推动经济的增长。道理很简单，男性为了避免自己成为光棍，其父母为了避免自己的儿子成为光棍，必须努力工作，想方设法赚钱，提高自己或子女在婚姻市场上的竞争力，毕竟有钱人找对象还是相对容易些。

其实在中国，剩男剩女早就成为推动经济发展的一种重要力量了。2014 年的数据显示，30—39 岁男性（剩男）中有 1195.9 万人处于非婚状态，而同年龄段女性中（剩女）有 582 万人处于非婚状态。迫于社会的种种压力，这些剩男剩女想办法去参加各种相亲节目，导致了婚恋类产业的大发展和大繁荣。据资料显示，某婚恋网2011年的净利润就达到了3.3亿元（5260万美元），较2010年的1.7亿元同比增长97.9%，净收入的增长主要得益于一对一红娘业务的强劲扩张。还有大家非常熟悉的某相亲节目的冠名权高达1亿元人民币，可以想象这样会产生多少税收。如果中国再征收单身税的话，估计会进一步刺激相关产业的发展，相亲节目会更加红火，从而会产生更多的税收，谁说征税就一定会阻碍经济的发展呢？通过税收来刺激经济的发展看来也是有可能的。

像白俄罗斯这种盛产美女的国家，在发现本国美女不断外流之后，总统卢卡申科就曾经果断地下令加强对美女出国的控制，对那些在国外模特公司邀请下出国的年轻女性采取限制措施，并收取适当的费用。

（四）税收还以其他方式对性别关系产生影响

税收可以促使女性工作，进而促进男女平等。同样，税收也会让女人更加依赖男人。男人的财富地位决定了女性可以做全职太太，也就有女性选择了这条道路。但从社会层面来说，这是一种劳动力的浪费。假如针对这种劳动力的闲置向男人征收劳动力闲置费，也许一定程度上就能促进女性走进职场，从长远来看，这有利于促进男女平等。

在日本，女性一旦结婚之后基本就不工作了，或者只做些兼职工作，基本上就是当家庭主妇，为什么会这样呢？日本女人也不是天生就喜欢当家庭主妇的，而是因为日本的税收政策鼓励女性当全职太太。日本税法规定，如果家庭中女性的年收入超过1万美元的时候，其配偶就不再享有税收减免政策，而且许多雇主甚至会扣除员工的家庭福利政策，也许这些老板认为女性工作就会导致男人不能安心工作。如果全职主妇的年收入在1.3万美元以下，不需要交一分钱就能享受到退休津贴，在这样的税收体系下，怎么可能还会有很多女性在职场拼杀呢？

对个人所得税是按照个人征收还是按照家庭征收，也会对女性产生不一样的影响。中国目前的个人所得税是按照个人申报而非按户或者夫妻申报的，这样会让女性的地位更低。因为一般来说，丈夫通常是比妻子收入更高的，

而这又源于就业市场及早期的教育方面对女性的歧视。如果个人所得税可以让夫妻联合申报纳税，女人的重要性和地位就会上升。

举例来说，如果丈夫一个月收入8000元，按照目前的所得税法每个月需要纳税900元钱，即8000元首先减去免征额5000元，那么还剩余3000元需要纳税，需要缴纳的税额为3000×3%＝900元（为了更好地理解我们要说明的问题，此计算方法省略了各种保险等减扣）。但是，如果我们以家庭为单位申报或者夫妻联合申报，还是假定丈夫月收入是8000元，妻子收入是0，因为每个人都要减去免征额5000，实际上需要缴纳的税额就变成了0。从理论上来说，女性因为为家庭收入做出了贡献，所以女性的地位相对于个人所得税按照个人收入计算税额的方法会得到提升，当然，也许这样男人更有动力不让女人工作，反而从另外一个方向上导致女性地位更低。税收的影响经常具有双向性，所以，提高女性地位还有一个办法就是把女人的家务劳动折算成实际的金钱。比如，如果请一个保姆每个月需要支付工资4000元，丈夫月工资是8000元，那么现在不请保姆了，妻子当全职太太，丈夫必须至少支付给妻子4000元工资，那么丈夫就剩下4000元工资了，这样会对夫妻双方的心理及地位产生怎样的影响呢？

另外，税收是以直接税为主还是以间接税为主也会对女性的社会地位产生影响。女性的消费多，在以间接税为主的税制体系下，女性纳税就相对会多。增值税就是一种典型的间接税，而且中国的增值税在所有税收当中所占比重还在继续增加，所以女人买衣服、买化妆品、买奢侈品等行为都在贡献大量的税收。间接税比例越高，女性实际的税收负担越重，如果收入又低，这会让她们更加依赖男人。如果直接税为主，物品就会便宜很多，女性较低的工资就能养活自己，所以自主性也会提高，简单来说，不依赖于男人也容易生活下去，所以相对于男人的地位就会提高。

目前全世界大约125个国家开征了增值税，因为它容易征收，难以逃税，而且属于宽税基类型（即税收这只手涵盖了大部分经济活动）。在低收入的国家，间接税收入大约占了总收入的2/3，而在高收入国家，间接税收入却大约只占总收入的1/3。中国个人所得税所占的比例还不到全部税收收入的10%，所以中国的税收体系中间接税占了绝对的大头，这不利于女性提高自己的独立性。不过男女比例失衡的问题在一定程度上改变了中国人重男轻女的现象，尤其是在个别农村，娶老婆的成本越来越高，如果有的家里男孩子比较多（甚至哪怕只有两个男孩子），很多女孩就不愿意嫁过来了，沉重的结婚成本一定程度上扭转了部分地区重男轻女的现象。

　　这里一直都在分析税收是否会影响到男女地位的问题，并没有涉及女性的地位到底应不应该提升以及应该提升到什么程度。因为有人说过，很多西方国家的女性，即使在女权主义国家，其实也没有中国女性的地位高，甚至在中国，家庭暴力的对象已经出现了性别转移的趋势，越来越多的男性成了家庭暴力的受害对象。这个问题过于复杂，不在本书讨论之列。

十二、向富人有效征税：国家现代治理能力的基石

> 我们必须做出选择，要么选择民主，要么选择让财富集中在一小部分人手中，但我们无法同时拥有二者。
>
> ——路易斯·布兰迪斯（Louis Brandeis）

（一）贫富差距：一个需要长期认真对待的问题

近几年，我国部分明星逃税事件屡屡引起国人的关注。而在美国，比尔·盖茨的离婚娱乐新闻逐渐向严肃的逃税事件演变；在10年前，因为华尔街运动引发美国富豪发起了一场向"我"征税的"公车上书"行为。富人逃税行为总是被披上娱乐新闻的八卦色彩，让我们忽视了这本来是一个非常严肃的国家税收治理问题——它意味着国家无法有效筹措所需的治理资源。

有效筹措国家收入，需要富人比穷人多纳税，而悖论在于，富人通常比穷人有更强的避税能力。一般情况下，富人当然比穷人纳税多。但是，核心的问题是，富人是否应该比穷人以更高的比例纳税呢？也就是说，是否应该以更高比例的累进税率对富人征税呢？

有的国家，比如意大利，宪法里面明文规定，国家采取累进税率征收所得税，即主张以更高的比例对富人征税。但是也有很多人坚持认为比例税是更公平正义的税收。大家都是合法挣钱，凭什么纳税比例不一样呢？他们认为累进税率会削弱人们进一步致富的积极性，从而影响经济活力和经济发展，所以不赞同对富人征收累进税。

但是，放眼全球，进入21世纪第一个10年之后，很多国家都不太平静。比如在突尼斯、埃及及一些中东国家爆发了街头起义或者说动乱，西班牙、希腊、英国、美国等国家的民众也纷纷走上街头，游行示威……为什么这么多国家的民众起来反对政府呢？这里面原因固然多种多样，但是仔细看看这

些国家民众的诉求，可以发现基本上都包含有对不平等不公正的不满，并由此带来了一种背叛感。他们认为这是政治制度和经济制度失败的结果，是领导阶层背叛了他们。最近的南非动乱除了同疫情有关，也同南非长期居于世界首位的贫富差距有关。

世界上恐怕没有一个国家的领导人会公开说赞同贫富差距拉大，但是事实上这些国家却是富人越来越富，穷人越来越穷，民众自然会对政治产生不满。如果不能有效地缩小贫富差距，就会导致民众对政府的不信任，上述各种动乱现象是对政府的不信任发展到一定程度所带来的比较极端的后果。

就中国而言，贫富差距问题也非常突出（见图12-1）。1978年我国居民收入基尼系数为0.317，2006年则升至0.496；2007年0.50；2008年0.49；2009年0.47；2010年超过0.5；2012年0.474；2013年0.473；2014年0.469；2015年0.462，为近几年最低；2016年的基尼系数为0.465；2017年0.467，又开始反弹，可见控制贫富差距的不易。世界上基尼系数超过0.5的国家只有10%左右，主要发达国家的居民收入基尼系数一般都在0.24~0.36之间。基尼系数0.4为警戒线，中国的基尼系数长期处在警戒线以上。所以，国家在此阶段再次提出共同富裕问题，是非常必要和有现实意义的。

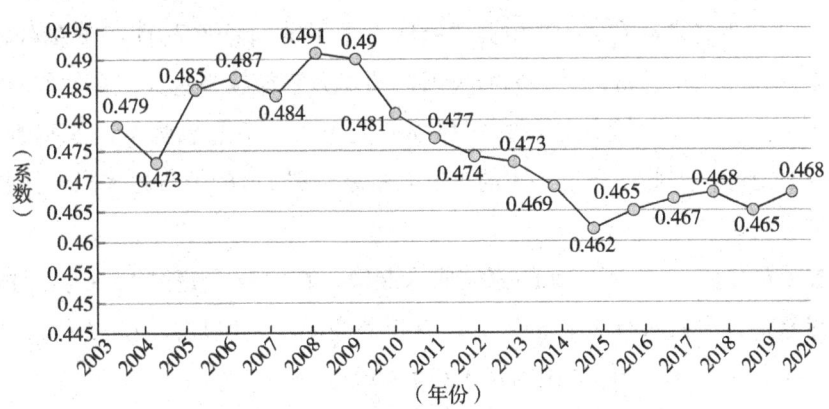

图12-1 中国基尼系数变化图

这还只是算收入，如果算上家庭财产，中国在2012年家庭财产基尼系数已经达到0.73了。据《中国民生发展报告2015》（该报告丛书是基于北京大学中国家庭追踪调查撰写的系列专题报告）提出的数据，中国的收入和财产不平等状况正在日趋严重。顶端1%的家庭占有全国约1/3的财产，底端25%

的家庭拥有的财产总量仅1%左右。此外，从教育机会到医疗保障，中国社会的不平等现象整体呈扩大趋势。美国在2017年和2018年的基尼系数也分别达到0.482和0.485，达到了最近50年新高，而且其财产基尼系数2017年达到了0.85，收入基尼系数和财产基尼系数都超过了中国，所以我们也可以看到美国内部的种种不协调。见图12-2。

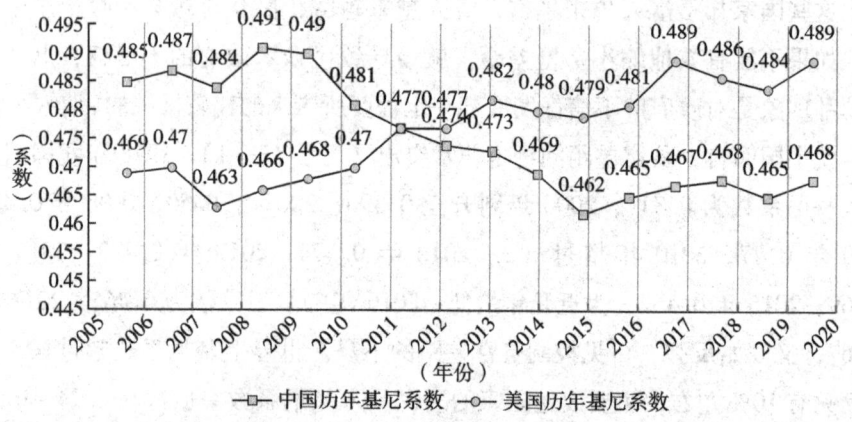

图12-2 中美两国基尼系数对比图

2010年，美国的基尼系数达到了0.46；2011年，美国爆发了"占领华尔街"运动，当时最富有的1%的美国家庭占据了美国总收入的20%左右。一方面是一部分人在暴富；另一方面美国的预算赤字却越来越大，在他们看来，这是一部分美国人，尤其是最富的那部分美国人，不愿意为本国承担责任，缺少财富道德。因此，超过3/4的美国人希望对那1%的最富的美国人征收更高的累进税。

如果从年收入25万美元的家庭收入起算，在对收入超过10万美元的被调查对象中，大约只有23%的人表示支持提高税率；但是，当起算标准达到100万美元的时候，赞同的比例就达到了65%。

反对的人自然有反对的理由，保守的政治经济学认为，联邦税收的负担大部分已经是由美国最富的那部分人承担了，还要怎样？比如在2007年，按照国会预算办公室提供的数据，最富有的美国人已经承担了68.9%的税收负担。

（二）对富人征税：支持 VS 反对

反对向富人多征税经常使用的、最老生常谈的理论武器是这样的：对富人征税就是一种惩罚（因此就是负激励），会削弱一个国家最勤奋的那批人创造财富的欲望，而这又会导致工作和投资的减少，从而损害经济的发展，最终导致原来那些不幸的人只会变得更加不幸。换句话说，对富人征更多的税最终只能让穷人更加不幸。

这种观点也许是正确的，但它最多只能算部分正确。

没有更多的税收投入教育、医疗、基础设施、能源、环保等方面，一国经济也不可能持续发展。在皮特．温茨（Peter Wenz，2012）看来，采取更累进的税收结构，把更多的投资投到教育和基础设施上，不仅能够带来更平等和神智健全的社会，而且相对于私人投资，这样的投入事实上也能够带来更高的生产率①。

就美国本身来看，美国历史上增长最快的时期是 20 世纪 50 年代和 60 年代，而那个时候美国是最为平等的社会，基尼系数低于 0.4。今天发达的 30 个经合组织国家的平均基尼系数是 0.31，其平均的工人生产率是高于美国的。所以，他认为，更高的不平等社会会更加强调竞争和绩效，从而促进经济增长的说法是站不住脚的。税收需要在对个体的激励、创建社会资本和维持社会合作之间取得平衡，税收体系只考虑对个体激励是非常片面的。其实，更大的贫富差距会导致更多的怨恨、一夜暴富、投机取巧、铤而走险等社会不良行为。很多丑恶的社会现象，比如社会冷漠、社会戾气、不安全感上升、信任度降低和共识分裂等，都同快速拉大的贫富差距密切相关。

在美国对富人是否应该多纳税的争论中，富豪巴菲特的言行所起的冲击力和影响力最大，而且，他还明确表示支持华尔街运动。

2011 年 8 月，美国著名投资人、"股神"巴菲特在《纽约时报》发表专栏文章，认定美国现行法律对亿万富翁过于"友好"，应向他们多征税。巴菲

---

① Peter S. Wenz. Take back the center: Progressive taxation for a new progressive agenda [M]. The MIT press, Cambridge, 2012.

特把自己视为应该多纳税群体,说他的税率只及他秘书的一半。其后来提供的纳税单显示,巴菲特 2010 年收入 6280 万美元,调整后的应纳税收入 3980 万美元,向联邦政府缴税 690 万美元,实际税率 17.3%。这比美国普通民众的税率低很多。另外,巴菲特说自己公司的其他员工和美国国会参议院和众议院国会议员一样,一般都会缴纳相当于收入 30% 的税款,所以自己的实际税率几乎比他们低了一半。巴菲特还说自己的税率并不算最低的,美国的不少有钱人向联邦政府缴税比例比他还低,因此,他建议议员拿到这些人的税单,从而起草更公平的税收法规。

巴菲特的这番言论出来之后,在全世界掀起了不小的波澜。不过大家的反应和解读却不尽相同,甚至相反。名人的言论和行为难道总是"微言大义"、意味深长?

中国人看到的是美国富人的道德自觉。巴菲特发表上述言论不久,美国还发生了一件百万富豪"公车上书"的事情:据英国媒体报道,2011 年 11 月 16 日,美国 138 名百万富翁联名请求国会和总统奥巴马,为国家考虑,应向他们多征税。这封公开信中这样写道:

"我们现在写信,是敦促你们将国家利益置于政治考量前。为了我们国家的财政健康和民众的福利,我请求你们对年收入 100 万美元以上的人加税……我们作为忠实的公民提出这样的请求。

我们的国家面临着选择——要么我们偿还债务,为未来做好储备,要么我们逃避金融责任,损害国家的潜力。我们的国家有恩于我们,它为我们提供了成功的基础。现在,我们希望能保持这样的稳固基础,以便其他人也能和我们一样成功。……请为我们国家做正确的事情吧,提高对我们的征税吧,谢谢!"

自从 2001 年时任美国总统小布什决定废除遗产税之后,很多受益于此法案的人并不买账,甚至对此嗤之以鼻。这些富豪(并非仅仅写公开信的这些富翁们)公开主张向"我"征税,不要减税,更不要免税。其原因是:取消遗产税将使美国百万富翁、亿万富翁的孩子不劳而获,使富人永远富有,穷人永远贫穷,这将伤害穷人家庭和社会的平衡……所以说,10 年后巴菲特的上述言论并非只是巴菲特个人的道德自觉，而是富豪们集体的道德自觉。这体现了美国富豪的高觉悟、有担当，这也是美国主流价值观的体现。美国崇尚自我奋斗的精神，喜欢自我打拼、白手起家，经历成功与失败。

对很多美国人而言，追求财富既是一种权利也是一种责任。比尔·盖茨曾经说过，财富对他而言，"不仅是巨大的权利，也是一种巨大的义务"，所以进行慈善捐赠和为国纳税，同追逐财富的行为一样，都是美国文化的一部分，所以他们为富且仁。虽然偷税漏税的美国富人也绝对不少，但是我们也要看到美国富人们的这种"主流文化"。美国也有人会说，政府不会比你们更懂得花你们自己的钱，你们不要多缴税。但是一个富翁这样讽刺他说："如果你不想多纳税，放弃你的公民身份吧，迁入索马里，那里不收任何税收。"这同中国传统文化里对富人们的道德要求并没有本质的差别。

巴菲特向"我"征税的行为不仅在美国有很多志同道合的人，甚至还引起了其他国家富豪的呼应。最先站出来的是法国富豪，包括法国女首富、欧莱雅公司女继承人贝当古在内的16名富豪联名向法国政府递交请愿书，呼吁政府多征税，以缓解法国金融危机。意大利人随后也加入该行动，法拉利老板蒙特泽莫罗也站出来跟媒体说，因为他很富，所以要多交税。德国有50位富人加入，向时任德国总理默克尔公开请求"让我多交税""防止贫富分化再加大"。在很多中国评论家看来，这同样体现了发达国家富豪们的公共意识和责任心，而这又与一国的制度安排和历史文化有密切的关系。

由此，很多人就会联想到中国的情况，比如在个人所得税方面，工薪阶层所缴纳的税收占据了个人所得税收入的一半以上，而美国的个人所得税的最大比例是由占美国人口5%的富人们缴纳的。对比之下，由于中国富人们的责任缺失和税收制度的缺陷，我们的个人所得税成为拉大贫富差距的"罪魁祸首"，而个人所得税诞生的初衷是肩负着缩小贫富差距的使命。所以，我们也希望中国的富豪们能够认识到，能力有多大，责任就有多大，要主动承担社会责任，培养自己的公共意识和公共责任精神。

鲜有人知的是，中国也有富人提出过"向我征税"的动议，而且比巴菲特还早。在2009年，有"中国首善"之称的陈光标作为全国政协委员，他在当年两会期间接受采访时称，将提出"呼吁向富人征收遗产税"的提案，这个遗产税的比率至少应为60%，声称在巨富中死去是一种耻辱。

我们无法确定中国人对美国富豪行为的解读是否准确，但是任何解读肯定都是自己内心深处某种意识的一种投射，是对现状不满的一种反映，通过这种投射为我们自己树立一个乌托邦式的榜样，来激励自己前行，其实就是"外国的月亮比中国的圆"的另外一种表达。这种思维方式一方面可能会让民族自信心不足，总觉得什么都是别人的好，但是另一方面也会激励我们对自己永不满足，永远向别人学习，哪怕这个"别人"可能是我们自己想象出来的，从而使得我们永远进步。这样的解读方式经常让我们看到的往往是事情的一部分，而非全部。我们只看到我们想看到的，而看不到我们不想看到的。如果再看看发生在美国和法国后续的事情，不能说一地鸡毛，但是实际也绝非我们想象的那样美好。

面对可能的严重债务危机，又受到美国富豪申请加税请愿的鼓舞，奥巴马在2011年9月19日宣布了一项在10年内紧缩4万亿美元财政预算的计划，其中包括一项总额为1.5亿美元的全新税收方案，打算向富人征收新税，同时向超级富豪征收一种特别税，为了表示对巴菲特的敬意，这一特别税被称为"巴菲特"税。

2014年3月，奥巴马公布了他的新财年（2015年）的预算案，新预算依然有对富人增税的内容，继续主张对富人征收"巴菲特税"，希望借此增加6510亿美元的税收。同时，国会共和党大佬议员们继续表达对新预算案的反对，众议院议长博纳批评称，奥巴马提出的这一预算案可能是截至目前最不负责任的预算案，他指出，预算案提出的政府支出、借贷和征税都过高，这将有损美国经济和就业。众议院预算委员会主席保罗—瑞安也表示，奥巴马的预算案对美国的财政困境没有丝毫改善。

美国的富豪在公开信里面希望奥巴马和国会议员把国家利益放在政治考量之前，说明他们对美国的政治现实再清楚不过了。国会议员们和奥巴马围绕着税收和预算方面的斗争，政治考量依然占据着主导地位，国家利益并非不重要，但是没有政治考量更加重要。

故事到此，很多人会认为，美国富豪的公共责任感和公共意识的确值得我们赏识，但是美国政治家却不值得我们欣赏，他们总是为了自己的连任而牺牲共同体的利益。

法国的税收却让我们看到了法国富豪的另一面。当时的法国总统候选人奥朗德可能受到美国总统奥巴马以及自己国内富豪们"上书征税"的鼓舞，在其 2012 年竞选总统期间曾表示，将针对超过 100 万欧元（约合人民币 757.2 万元）的人征收税率接近 75% 的"特别富人税"。该承诺帮助奥朗德获得了总统职位。

2013 年 10 月 18 日，法国国民议会（议会下院）投票批准了在 2013 年和 2014 年两年内针对年薪超过 100 万欧元的个人征收高税率的"特别富人税"的议案。

根据法国政府提交的 2014 年财政预算提案，2013 年和 2014 年，在法国进行工商注册的企业将为年收入超过 100 万欧元的员工缴纳一项名为"特别互助贡献"的税收，税率确定为 50%，但一家企业此项税种所缴纳的总额不超过其营业额的 5%。

由于在法国进行工商注册的企业还必须为员工缴纳一定比例的社会保险费用，这一新税种实际税率接近 75%，与法国总统奥朗德在竞选时提出的开征高额"富人税"主张相符。法国政府称，这一新税种将涉及 470 家企业的 1000 名员工，每年可为法国政府带来 2.1 亿欧元（2.9 亿美元）收入。

法国负责预算事务的部长级代表贝尔纳·卡泽纳夫表示，这项新税种并非针对成功人士，而是高收入者在公共财政困难时期所作的特别贡献。他强调，法国在整顿公共财政期间有必要本着公平原则，采取这项临时性税收措施。

这项政策当时深受法国民众的欢迎，因为这个时候法国经济增长乏力，财政赤字不断攀升，失业率居高不下，简单来说，处在水深火热之中的人们支持富人承担更多的责任。而之前的总统萨科齐又同富人交好，引起了民众的反感，所以奥朗德此举是绝对安抚民心和缓解财政困难的一箭双雕之举。

不过，这项政策很快就引起很多的批评，税收总额并没有增加多少，但是法国的竞争力和声誉却受到很大的影响。大量资本外流，大约有近 600 名应该缴纳富人税的富豪逃离法国，包括中国人非常熟悉的法国 LV 老板、"奢侈品教父"伯纳德·阿诺特也被吓跑了，并加入了比利时国籍。法国的著名演员、著名体育明星也纷纷逃离法国，甚至前总统萨科齐也在努力规避富人税。

2014 年 9 月法国财经媒体《回声报》的报道指出，该国前百名富豪中目前已有 20 人在国外定居，这些人拥有约 170 亿欧元（约合 1266 亿元人民币）

的财产；富豪们相中的"新家"以比利时居多——该国的个人所得税税率较低，并且没有专拿高收入者开刀的"富人税"。不知道这 600 人之中有没有向政府递交请愿书的那 16 名富豪，但是，至少从 16 对比 600 的这个差距中，我们看到的是似乎法国富豪的公共责任意识并没有我们想象得高。

富人们跑了，奥朗德就开始向普通阶层开征新税，比如推出了针对现金交易的"金融交易税"，以改善环境为名向重型卡车征收的"环保税"，以及提高香烟、商业消费等小额税种的增税措施，引得民怨沸腾。

英国《每日电讯》据此幽默地写道：法国的"富人税"让高收入者成了伪君子，又让穷人成了受害者，卡梅伦先生注意到了吗？

最终，法国自 2015 年 2 月 1 日起正式取消了实行两年的"富人税"。

（三）富人多纳税：故事背后的故事

就连巴菲特本人，在有些人看来，也绝非天然的慈善家，其主张向富豪征税的背后也有着不可告人的秘密。

《国家为什么会崩溃》一书的作者彼得·D. 希夫就认为巴菲特之所以主张征收遗产税等富豪税，那是因为巴菲特本来就是靠收购其他企业发家致富的。而征收遗产税会导致很多家族企业无法传给自己的后代，结果就是要么清算，要么被迫出售，而接手这份家业的公司是无须缴纳遗产税的。所以，如果不存在遗产税，他所购买的很多公司或许根本就不会出售。他相信，巴菲特不仅清楚哪里的面包最美味，而且他还知道哪里的美味面包最大。在希夫看来，超级富豪之所以主张对富人多征税，因为他们很明白，重税之下最先倒下的绝非他们，而是超级富豪之外的人，而当这些人陷入困境的时候，又恰恰为最顶端的少数超级富豪们以最低的成本攫取巨额财富提供了难得的机遇，巴菲特主张对富豪多征税之举是披着道德外衣追求资本最大化利益的行为。

如果希夫"恶意"的揣测是真的，巴菲特这些富豪们是想通过对自己多征税的行为打垮对手，从而让自己更加富有，让自己的企业更加壮大，而不是像其他那些经济学家一样，天真地认为巴菲特们认为自己纳税少是因为不会算账，不明白自己其实已经缴了更多的税收，出现了"税收幻觉"所致。

那么其所带来的启示是：

我们既不能相信富人会主动为广大民众的福利着想，也不能相信政治家们会主动为我们的福利呕心沥血。好的体制应该是富人、政治家和民众既能各取所需又能互相制约，社会才不至于彻底失衡而陷入动乱之中。权力要关进笼子里，但是权力也必须能够做事，既能帮助政治家成就丰功伟业，也能造福于民；国家既要创造一切机会为追求财富梦想的人提供成功的基础和保障，但是财富的获取和使用必须受到约束，不能有钱就任性，有钱就通吃；民众的权利必须得到平等保护，但是民众也不能以弱者的形象而为所欲为。

在美国，减税和增税其实都是正确的政治话语，关键看如何具体操作。同样是商人，特朗普推出了其宏大的减税计划，但是身家超过500亿美元的布隆伯格，在2020年竞选总统的时候，却提出了增税的竞选纲领。他如果入主白宫，准备在未来10年从高收入者和企业那里加征约5万亿美元的税收。

在提案中，他将废除特朗普在2017年颁布的针对高收入者的减税计划，年收入超过500万美元的富豪需要缴纳5%的"附加税"（我们可以把它理解为富豪税，或者富豪特别贡献税），年收入超100万美元的个人资本利得税也将提高。特朗普把企业税率从最高的35%降到了21%，而布隆伯格准备将其提高到28%。不过，估计这个犹太富豪自己都不相信向富豪征税的竞选策略能够助他登上总统宝座，所以很快就宣布退出总统竞选，转而支持拜登。都说控制美国总统背后的力量是犹太财阀，看起来此言不虚。

对富人是否应该多征税，既是经济问题也是道德问题。从美国的经历看，似乎可以征；从法国的经历看，似乎不可行，因为法国富人"不爱国"，跑掉了。所以，对富人多征税会对一国经济造成怎样的影响还要看这件事情发生在哪个国家及其所处的国家环境。

在中国，经济理念会认为不应该多征，因为这会吓跑富人，最终影响中国的经济发展；而道德理念会认为，为富不能不仁，富人应该承担更多的责任。从话语的力量对比来看，经济理念目前占据上风，很多人认为传统的儒家教义已经不适应今天的市场经济情况，认为那些坚持传统道义的人是落后于时代的。

但是，有一种现象中国人并不太好回答。

目前世界上遗产税（继承税）率最高的国家是日本，继承最高税率是

55%；其次是韩国，继承最高税率为50%（继承金额超过30亿韩元时），但韩国对企业大股东的最高股份继承税最高可达65%，为全球最高。同样深受中国儒家传统文化影响的日韩为什么敢于设计税率非常高的遗产税，而不怕吓跑富人呢？2021年4月28日，已故三星会长李健熙的遗产继承情况被公布，他的遗产总计约26万亿韩元，继承者将缴纳12万亿韩元，约等于人民币699亿元，一举创下全球遗产税记录。以至于其继承人不仅要贷款缴税费，而且还要在5年内分期付款才能完成这笔遗产税的缴纳。

并且，政治学家会认为反对向富人多征税的经济学家同样幼稚。

第一，一个社会有必要让一部分人特别富裕吗？这样除了激起大家追逐财富的欲望之外还有什么益处？再者，真正的富人努力工作的动机就是仅仅为了挣更多的钱？经济学家你难道是想告诉世人有钱人都如此低品质吗？

第二，如果能通过更多的税收让更多的人接受更好的教育、更好的医疗，从而让更多的人可以去竞争、创新、创造财富，会不会比只激励少数人致富更有利于社会发展呢？

第三，一个社会中如果一小部分人拥有了巨大的财富，不管他们自觉还是不自觉，都将对健康的社会体系、政治体系甚至市场体系产生巨大的威胁。很多人都关注到了权力的集中会带来权力的滥用及其对社会的破坏性，却忽略了财富的集中同样会带来财富的滥用及对社会的破坏。

比如，在世界范围内，历史上银行业是多次金融危机的罪魁祸首，但是它们不可能受到对等的惩罚，因为它们已经绑架了经济；银行贪婪挣钱的时候，会说这是自己英明正确的经营所应该给予的回报，而银行陷入危机的时候，却让国家赶紧注入资金来挽救，绝不会提自己经营不善的事情。而且，拥有巨大财富者会利用一切宣传工具来摆脱自己的责任，而民众在不知不觉中就接受了很多这样的观念。很多民众警惕政治上的观念洗脑，却从来不明白经济上的观念洗脑，由此，对很多社会问题进行了错误的追责。

第四篇

税收抉择与国家命运

十三、英国：第一个吃螃蟹的国家

> 英国并不拒绝变革，而是随着时代的发展一直进行变革，只不过英国缓和了这种变革。
>
> ——[美]伍德罗·威尔逊

英国作为老牌的帝国主义国家，自然有自己的独特智慧。就税收方面来说，英国做出了很多独一无二的贡献。

英国是世界历史上第一个建立现代个人所得税的国家，这可以视为英国是资本主义国家历史上第一个敢于明确提出向富人征税的国家（承担主要税赋责任的人由穷人转移到富人身上，这是一个了不起的历史转折点），英国也因此成为第一个现代意义上的"税收国家"①，即一国财政收入主要开始依赖于税收，而不再依赖于国王自己领地的收入。

更为神奇的是，从1688年以来，虽然英国的税收占国家财政收入的比例越来越高，民众的税收负担越来越重，但是英国的税收政策却取得了民众的高度认同和遵从。比如，在1700—1725年，按照人均来算，英国人所缴税收大约是法国的两倍；到了1780年代，差距扩大到2.7倍。这个时候法国人的财政负担比英国人要轻很多。但是，我们看到的是，法国最终爆发了法国大革命，而英国连抗税的斗争都很少。

所以，在现代税收方面，英国是一个榜样，在18世纪，它在世界上率先实现了很多国家孜孜以求的"拔很多鹅毛又不让鹅叫"的税收理想。那么英国成功的秘诀在哪里呢？

英国的税收故事要从1215年的《大宪章》讲起。英国历史上的《大宪

---

① 在1790年到1810年，英国整个政府开支上升到了GNP的12%–23%。英国变成了一个税收国家，在1815年之前整个欧洲唯有英国做到了。

章》有什么特殊之处呢？《大宪章》又如何奠定了英国好榜样的基础呢？

（一）《大宪章》：开了个好头，创建了一种信任关系

在英国历史上，有一段时期被称为诺曼王朝（1066—1054年），由"征服者"威廉一世开创。威廉本来是法兰西的贵族，号称"诺曼底"公爵，由于与当时的英国统治者沾亲带故（欧洲很多国家之间都沾亲带故，这点同中国春秋战国各诸侯国之间的关系类似），认为自己也有权利继承英国王位，但是，王位传到了别人手里。于是他就决定武力夺权，找到一群"合伙人"率领7000人横渡英吉利海峡，打败了当时的英国国王哈罗德二世，自己就成为英格兰新的国王。

威廉征服英国之前，就向跟随自己远征的这些"合伙人"封官许愿，答应战争赢了就对他们分土封爵。所以他把从英格兰旧贵族手里夺取来的土地和财富大部分都分封给了这些从法国跟随他而来的合伙人。并且为了持续镇压英国"原住民"的反抗，不断地给合伙人各种好处。

这样实际上就导致了英国异常强大的贵族力量的存在。

在国王与贵族双方关系良好的时候，或者国王比较强大的时候，这样也不会存在什么问题。但由于英国长期对外战争，国王需要不断征收赋税，慢慢地这些贵族难以承受，对国王越来越不满。

到了1199年，英国历史上著名的昏庸国王约翰登上了王位，贵族们再也无法忍受国王的横征暴敛了，他们觉得机会终于来了。

约翰国王接手英国的时候，面临的已经是一个常年征战和赋税异常沉重的不利局面。1205年，他在同法国的战争中又失败了，封地几乎尽失。更要命的是，他还打起了教会巨额财富的主意，得罪了强大的教会，被教皇开除了教籍。

长期积累的不满，加上又不再有宗教效忠的负担，贵族开始起来反抗约翰，不再效忠于他。

1214年，约翰王孤注一掷，再次出兵法国，想打一场胜仗翻身，结果大败。长期搜刮来的赋税也在这一仗中消耗殆尽。教士和贵族们趁机"反水"，很快攻下了首都伦敦。

1215 年 6 月，约翰王被迫与教士和贵族们签订了停战协定。这个停战协定的核心就是"限制王权（尤其是征税权）"。《大宪章》因此诞生了。

《大宪章》的核心精神就是国王不得随意征税。那么，怎么样才能算不随意征税呢？首先征税要有正当的目的，更重要的是征税时要与贵族协商，不能随意侵犯贵族的财产。

英国《大宪章》要与同时代匈牙利版的"大宪章"进行对比才能更好地理解其关键的历史意义。

1222 年，在英国《大宪章》诞生 7 年之后，匈牙利贵族，也逼迫国王安德鲁二世颁布了《金玺诏书》，被誉为"东欧的大宪章"。

这个所谓的"大宪章"虽然看起来与英国《大宪章》类似，也是主要限制国王的权力以保护贵族所享有的各项特权，包括确认其领地为世袭财产，豁免贵族及教会的赋税，下层地方官从本地贵族中遴选等。还规定国王必须每年召开一次国会，大小贵族均可自由参加，国王如不履行承诺，贵族有权举兵反抗而不受惩处。

但是，二者最大的区别是英国《大宪章》限制了国王任意征税的权力，而匈牙利版的"大宪章"却限制了国王征税的权力，国王无法对贵族征税，并且无力保护这些贵族对农民的横征暴敛。

结果就是内乱不断，导致国家越来越虚弱，整个社会缺少团结一致的精神，军队也缺乏国家荣誉，无法抵抗外来侵略。到了 1526 年的摩哈赤战役，奄奄一息的匈牙利军队被奥斯曼帝国全部歼灭，匈牙利成为奥斯曼帝国的战利品。

1215 年签订《大宪章》的那些英国贵族，并不是仅仅追求个人利益集合体，他们不仅仅限制国王向自己征税，也限制国王向别的阶级征税；更没有和国王勾结起来，把税收负担转嫁给别人；他们虽然是少数人，但是尽量去代表同一个共同体的利益，他们从国王那里索取到的写进《大宪章》中的约定，不仅仅保护了自己的利益，还保护了教会和社会中广泛的权利和自由。

而且，英国贵族事实上虽然为自己争取到了"征税同意权"，但是也恰恰是他们争取到的这种"征税同意权"赋予了国王向全国征税的权力，让国王在全国范围内拥有了征税的合法权力（本来他只能靠自己领地的收入养活自己），这对于英国树立国家共同体意识，建设国家力量，促进资本主义的发展

具有重要的奠基意义。

同时,国王也在努力提供当时社会所需要的一些公共服务。比如,从 12 世纪末开始,建立自己的法院,任命杰出法官,与封建法庭争夺司法管辖权,提供司法正义。在国王提供统一司法,关于税收问题在国会与国王不断讨价还价的过程中,一种"王国共同体"的意识慢慢在英国形成——征税权力来自国王对于王国安全的责任和其臣民支持其防卫的义务。这种约定意味着"国家服务于统治者与被统治者的利益",它确认了王室和其臣民构成的"一种共同整体和义务"①。

英国《大宪章》不仅约束了国王的征税权,而且还约束了议会关于税收的权力。国王虽然不能征税,但是可以花钱;而议会虽然可以征税,但是不能花钱;这样就能避免在英国出现压迫性税收的情况。这是英国民众愿意相信和愿意让议会去控制征税权的原因。

而匈牙利的"大宪章"却真正起到了限制国王征税的作用,同时也免除了贵族的纳税义务,贵族诉诸的是武力反抗国王的征税权,并非去讨论征税的合理性及正当性。

所以,两国不同的历史结局我们也已经看到了。

英国《大宪章》在国王、贵族和一般民众之间、在关于税收的征收、使用上创建了一种相互信任的关系,这是《大宪章》在英国税收史上起到的一个非常重要的作用。

(二)《大宪章》之后至 1688 年:信任关系的继续发展

第一,议会代表的构成发生了巨大的变化,更加具有代表性。《大宪章》的签订主要是贵族代表,这个时期承担国家税收责任的也主要是他们。但是随着征税标准不断降低,征税对象不断扩大,资产阶级和城市民众代表进入议会的越来越多。到了 15 世纪,出现了两院制,绅士阶层已经成为议会中的

---

① [美] 大卫·哈里斯·萨克斯. 税收困境:英格兰的财政危机、国会和自由(1450 – 1640) [A],见 [美] 菲利普·T. 霍夫曼,[美] 凯瑟琳·诺伯格. 财政危机、自由政府和代议制政府 (1450 – 1789) [C]. 储建国,译. 上海:格致出版社,上海人民出版社,2008:11.

多数派。这样，不仅使得议会在形式上更能代表整个共同体，而且这些议会中的地方代表们在其家乡本来就管理他们所投票通过的那些税收。将国会的形式同意转化为各县市的实际同意，这既增加了国王和议会协议的效力，又使得征税的效率得以提高，因为这些代表实际上成了国家在地方上的征税代表。代表同意征税，代表又亲自去征税的体制容易让离伦敦遥远的各个地方建立对中央的信任。而且这使得中央集权和地方参与相统一，从而提高了国家的财政效率。

第二，英国在欧洲建立了首屈一指的高效的行政管理体制。英国所谓高效的行政管理体制在欧洲，尤其是与法国相比，英国的表现还是很出色的。英格兰很早就成功地建立了高效的行政管理体系，它以地方官员为基础。14—16世纪，其行政有效性可能有所弱化，王权控制有所丧失。但17世纪又开始得到了加强，这可能源于1660—1690年期间，克伦威尔进行税制改革的时候，取消了所有的税收承包制度，所以专业的税务机关开始高效工作。相对于法国，其对税收的征管更加有效，从未出现过像法国那样的腐败恶名。与法国相比，英国对间接税既采用过包税制也采用过税收行政的模式，而法国从13世纪到大革命之前通常都是采取包税制。在直接税方面，法国曾经运用过包税制来征收直接税，但是英国从来没有采用过包税制来征税直接税。更重要的是，英国的包税商一般不用外国人。英国的行政系统官员是建立在功绩制的基础之上的，税务官员必须参加考试才能取得相关资格。英国也有卖官鬻爵现象，但程度较轻。英国相对较低程度的官职销售意味着英国政府躲过了法国"一个由贪污腐败的买官者组成的持续扩张、触手怪似的国家机器（tentacular state apparatus）"带来的祸患[1]。这都有利于增进民众对政府的信任。

第三，英国抑制和取消了税收特权。这是英国在世界税收史上一个很重要的贡献。在从"自产国家"转向"税收国家"的过程中，由于存在普遍的反对税收的情况，当时欧洲各国的国王都同国内的有权阶层达成了某种妥协，

---

[1] Martin Daunton. The politics of British taxation, from the Glorious Revolution to the Great War [A]. In Bartolomé Yun-Casalilla, Patrick K. O'Brien, Franciso Comín. The rise of Fiscal states: A global history 1500-1914 [C]. Cambridge University Press, London, 2012: 114.

比如让教士和贵族享有免税特权，或者通过各种方式对教士和贵族进行收买。像法国，到处都是免税特权。"教士、侍臣、贵族、军官、地方官（magistrates）以及更低级的官职持有人、教授、医生、政府行政主管和雇员等人员都享有免税特权，甚至整个省或者市的全部居民至少也能够免除部分的租佃税。事实上，除了农民必须缴纳租佃税之外，其他所有的人都在想法设法避税"[1]。

总之，在法国，祈祷的人不用交税，战斗的人不用交税，还有一些工作人员也不用交税。在托克维尔看来，免税的特权是所有特权中最受人憎恨的特权。英国成功地抑制住了教士和贵族的免税特权，其特权的范围和程度都比其他国家要轻得多，而随着累进税制在英国的率先实施，更是让上等人士承担了更多的税负，至少名义上如此。这在当时的欧洲显得非常另类，但足以保持英国社会的团结和自豪，自然就增加了普遍的社会信任。

（三）1688—1815 年，英国信任体系经受住了初步考验，奠定了国家强大的基础

1688 年，英国经历了资产阶级革命——光荣革命。1815 年，英国终于在滑铁卢打败了法国这个强大的宿敌，极大地改变了世界历史。所以，这一段历史对于英国来说非常重要，奠定了英国接下来 100 多年强大的基础。

1688 年之后发生的很多事情，对英国议会民主以及税收合法性给予了严峻的考验。但英国经过一系列细致的改革，维持了社会对国家的信任，保证国家获得了足够多的税收。

在 1688 年之前，英国的税收大约是国民收入的 1.3%~4.4%，这个税率比法国低。1689—1697 年，威廉三世的就职以及对法国的开战，导致税收/支出水平达到了国民收入的 7.3%~9.5%，直到法国大革命的爆发这个比例还维持在 8%~10% 的水平。

在 1700—1925 年，按照人均来算，英国人所缴税收大约是法国的两倍；

---

[1] Michael Kwass. Privilege and the politics of taxation in eighteenth–century France [M]. Cambridge University Press, Cambridge, 2000: 25.

到了1780年代，差距扩大到2.7倍。1788—1789年，法国财政危机和政治危机导致了一系列事件的发生，并最终导致了法国大革命，其实这个时候法国人的财政负担比英国人要轻很多，但英国税收取得了民众高度的同意和遵从。

从1790—1810年，英国整个政府开支上升到了GNP的12%~23%。英国变成了一个财政国家，在1815年之前整个欧洲唯有英国做到了。相对于法国，为什么英国能够多征税而让民众的怨恨最少？

第一，国会继续改革，让民众知晓财政的具体支出。英国国会坚持每年都要对税收问题进行讨论，而没有像其他国家那样把征税权一次性赋予国王。国会每年对税收的讨论就成了关于公共政策的辩论场所，税收结构的任何变化和税收负担的调整都需要在不同的利益集团之间进行谈判，各种商品的关税和消费税的平衡都是通过谈判而非强迫形成的。而且议会的辩论是公开的，民众可以很容易了解代表们的发言，看得见的总是最容易获得信任的。

英国是欧洲第一个为财政情况编制会计报表的国家，这意味着行政机构的运转是透明的。国会议员能够挑战税收浪费，所以纳税人有信心相信他们所缴纳的税款都用在了所期望的项目上。与此类似，国家的债务人也有信心相信国家是有偿付能力的和诚实的。

另外，美国独立战争之后，英国国内进行了一场名为"经济改革"实质上是一场政治改革或者行政改革的运动。主要内容包括：结束各种闲职，减少政府和法院的成本，约束行政部门过度的权力等。政治家在1780年建立了审查公共账户委员会，在1782年、1786年和1792年建立了审查支出和会计方法的议会委员会，通过这些委员会控制了公共支出，阻止了政府浪费，从而向议会证明了政府财政的效率。

威廉·皮特（英国财政大臣）继续了这项工作，他采取措施减少了国家债务，调整了税收水平，增加了收入，取消了海关部门的闲职。同时，大臣们希望采取行动，把对经济改革的呼声从要求国会改革的呼声和对国王的攻击中分离开来。政府对效率的追求是为了保护国家的债务信誉度，防止低效率成为批评者批评国王的借口，从而防止共同体意识的分裂。

国会审查支出意味着英国政府更加具有公共性，更加负责任，减少了无端猜疑，国会同意赋予政府行动更多的合法性。

第二，随着税收负担的增加，英国对征税方法与内容适时进行调整。征税方法是影响臣民与国家之间信任关系的重要方面。在英国，贵族和教士没有税收减免，没有国内关税，因此也没有多少税收官员来干预国家的贸易。另外英国的征税方法在今天看起来很奇怪，让纳税人自己来评估和征收某些税收。这在当时避免了征税官的任意评估，提升了对税收的同意率。专员们没有薪水，并非国王的官员，他们是土地拥有者的成员或者是城市精英，他们这样做正如他们履行和平法官职责是一样的。这样的征税方式虽然容易取得同意，但是土地税调整后证明是非常困难的。后来威廉·皮特引入了新的所得税，来平衡土地所有者的财政负担，保持税收负担的合理性。

同时，英国对税收行政系统本身也进行了一系列的改革。1683年废除了包税制，1713年以后，全部税收中的绝大部分都由政府雇员征收。1785年以后皮特对税收管理部门进行了一系列改革，包括精减人员、重组税务机构、创立审计机构，等等。在对税收部门的管理上，依据资历和技能进行奖励，政治恩赐可能导致任命但是不能确保晋升。晋升模式产生了经验丰富的高层管理者，组织管理的专业化水平得到提升。总之，英国的税收行政部门相对于其他国家具备了清廉、公平、高效的形象，获得了民众的信任。

在关税的征收方面，注重减轻普通民众的生活负担。关税在18世纪初是一种主要的财政收入来源，但是到了18世纪末下降了。来自关税的收入未能与英国贸易的增长保持同步增长。这种下降是因为关税照顾了普通人的利益，减轻了他们的生活成本。

第三，保持了对债务偿还的可信承诺。由于对英国债务的可信承诺现象已经有很多人进行了研究，这里就不再重复，只是想强调的是，保持了对债务偿还可信承诺的英国，获得了国内借款人（通常也是纳税人）的信任，而且英国相对于法国可以以低于法国2%的利息大规模地进行借款，不仅可以更加有效地支持战争，而且纳税人偿还债务的负担相应减轻，有利于英国未来缩减偿债支出，更好地优化公共支出机构，提供其他公共产品。

总结起来，18世纪的时候，英国政府的财政制度获得了两种形式的信任：一是政府能够对债权人做出可信的承诺，违约的可能性比较低，所以政府能够以较低的利率获得更多的贷款；二是一种更高程度而且更难取得的信任，即国家的目标与政治精英和经济精英的目标趋同。这两种形式的信任是通过一系列的行政和政治过程取得的：较低程度的税收承包制和官职销售；减少或者消除了免税特权，实施统一的税收；利用新的会计方法来监督政府；国会每年对税收的支出进行讨论和投票等。因此英国相对于法国能够汲取更高比例的税收，而同时具有较低的税收抵抗和紧张关系，同时税收能够用于偿还战争和帝国扩展所发生的借款[①]。

虽然拿破仑战争之后，英国的税收制度也出现了合法性危机，当时的英国民众普遍把政府视为"食税者"，引起了广泛的仇恨和批评。民众不再相信人人都在为政府的收入做出合理的贡献，也不再相信政府的支出是为了各个阶级的共同利益。但是由于自《大宪章》以来400多年逐步建立起来的信任关系，英国政治家还是迅速重建了税收体系，恢复了信任关系，取得了税收的合法性，最终还是在信任的基础上在税收领域稳健地创建了一种有利于合作的情形。

在马丁·唐顿（Martin·Daunton）看来，英国政府不但能够最终获取较多的税收，还降低了政治紧张程度是由于它促进了纳税人与纳税人之间的信任、纳税人对政府的信任以及政府对纳税人的信任这三重信任关系[②]（见下图），这三重信任关系彼此相互强化：首先，纳税人要能够信任其他的纳税人为公共利益提供税收；如果纳税人认为其他的纳税人没有提供应纳税收，就会依此作为自己逃税或者成为"免费搭便车"者的借口。其次，纳税人要能够信任政府把钱用在了有用之处。他们要能够相信收入没有因为贪污或者无能而被浪费，没有用来满足其他利益团体自利的需要。最后，政府能够信任纳税人照章纳税。如果政府不信任纳税人的自愿服从，就会想出更加复杂、更具侵犯性、更具威慑力的服从制度，这将给纳税人带来法律的、行政的和会计的成本，从而带来怨恨和敌视。如果上述信任不存在，将会出现一种相互怀疑的恶性循环。上述三种信任关系能否存在，依赖于对其他人行为的猜测，也依赖于社会、政治方面的结构和制度，而非个体经济理性。

那么这三重信任关系又从何而来呢？在唐顿看来，这三重信任关系的创

[①] 参见 Martin Daunton. Creating legitimacy: Administering taxation in Britain, 1815 – 1914 [A]. in José Luís Cardoso, Pedro Lains. Paying for the liberal state [C]. Cambridge University Press, London, 2010: 114.

[②] [英] 马丁·唐顿. 信任利维坦：英国的税收政治学（1799 – 1914）[M]. 魏陆，译. 上海：上海财经大学出版社，2018.

建依赖于四个变量之间的关系不断取得平衡。即税收评估和征收制度，对于不同收入和经济活动征税的"把手"，调整税收的政治过程，以及集体行动的目的[①]。总的来说，英国的政治家通过言语的修辞装饰和实际做法取得民众的信任，创建了政府的中立性、税收的公平性、程序的正义性以及税收的道德性等认知，从而取得了税收的合法性，提高了民众支付税收的意愿，唐顿的著述丰富了我们对如何取得税收合法性的认识（见下图）。

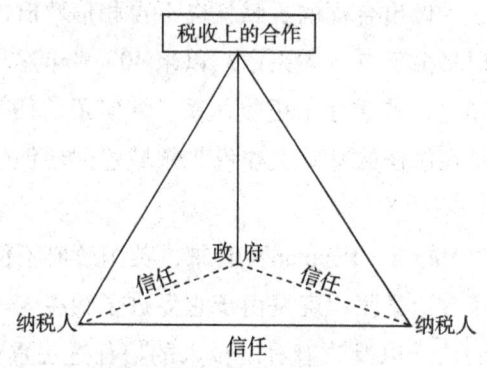

促进英国税收合作的三重信任关系

英国的财政——信任演进史充分证明了，推动历史进步和税收合法化的根本动力不是纳税人对自己私利或者交换利益的追求，而是纳税人对共同体公共利益的追求。唯有如此，民众才会对政府的征税行为产生信任与合作，国家才能汲取治理国家所需的财政资源。其历史启示是：走向财政国家的过程中，需要建构一种税收的合法性，而这依赖民众对政府的信任。信任的获取并非是让政府及政治家被动迎合民众，一味地满足其利益最大化的追求，而是发挥其主动性，通过观念的引领、制度的创新、适当的牺牲精神，建立起一种人人都在通过税收的方式为共同体共同利益做贡献的社会认知。

总的来说，英国在财政方面的性格，整体上就像一个中产阶级，稳健、理性，在税收事务上习惯于精打细算，收入和支出都要依据理性，改革的推进缓慢却坚定不移。这也符合英国一贯改良主义的国家气质。这样的财税——政治演变之路，避免了很多灾难性的问题，慢慢地形成了一个品学兼

---

① ［英］马丁·唐顿. 信任利维坦：英国的税收政治学（1799–1914）［M］. 魏陆，译. 上海：上海财经大学出版社，2018.

优的榜样。

当然，好学生的好习惯看起来都有点无聊，没有那么多戏剧性。所以，尖子生永远都不多，因为这些好习惯并不容易学得来，更不容易坚持下去。

而下面要谈的荷兰，主要是一个商人气质主导的国家，所以在其财政方面充满了敢花钱、敢借钱同时又精打细算和喜欢讨价还价的商人风格。在财政方面，英国从荷兰学习了很多东西。

十四、荷兰的"省收省支"体系与荷兰的兴衰

小国能够成就世界霸业,荷兰绝对是典型中的典型,极致中的极致。17世纪,荷兰以不足 200 万的人口,成就了一代霸业,成为完全无法复制的学霸榜样。

荷兰留给我们普通人的印象通常是低地国家、风车、围海造田、郁金香、海上马车夫等关键词。这些词汇不仅是今日荷兰的显著标签,历史上它们同荷兰国运的兴衰也密切相关。

荷兰位于莱茵河的入海口,"荷兰"一词在日耳曼语言中就是"尼德兰",而尼德兰本来的意思就是低洼地,荷兰有一半的国土低于海平面,因此经常围海造田①。风车的一个主要作用就是依靠风力将水排出土地,因此,荷兰遍地风车。从陆地来看,荷兰位置偏远,领土狭小,没有任何发迹的条件;但从海洋角度来看,其背靠欧洲大陆,面向大西洋,十分有利于发展航海业和渔业。荷兰抓住了历史机遇,大力发展航运事业,逐渐成为欧洲西部的商业中心,因为商船遍布世界各地航线(巅峰期商船吨位占欧洲的 3/4),故获得了"海上马车夫"的荣誉称号。俄国的彼得大帝就是在荷兰学习的造船技术。

由于复杂的王朝婚姻关系和王位继承关系,尼德兰(范围比今日荷兰要大)1516 年开始成为西班牙的一部分,由于尼德兰资本主义经济发展较早,成为西班牙重要的财源基地,每年西班牙约一半的财政收入来自于此。沉重的财税负担和宗教等矛盾激起了荷兰人的反抗。反抗过程中北方七省成立了荷兰联邦共和国,但是荷兰南方十省却想另起炉灶,成立了"阿拉斯联盟(今日比利时)",没有并入荷兰共和国,并同西班牙保持暧昧关系。1581 年,

---

① "荷兰"长期以来一直用荷兰省名"Holland"作为国名,为了不让其他省感觉不爽,2019 年起"官宣"国名为"尼德兰"(Netherlands),改变了长期以"省名"为"国名"的情况。

北方联盟宣布脱离西班牙独立。1585年，南方联盟被西班牙攻占，随后西班牙继续对荷兰发动进攻。这个时候英国、法国都站到了荷兰这边，最终西班牙在三方的连续打击下无奈在1648年承认荷兰独立。在整个17世纪，荷兰就像开挂了一般，荷兰共和国成为政治上、经济上和文化上都非常先进的国家。不幸的是，其蹿入领先地位的速度可以说如同流星划过，其耀眼的程度也如同流星般的绚烂，自然，其衰落也可以说如流星般的快速。荷兰共和国在1795年1月向法国投降，尼德兰联省共和国最后一位世袭执政威廉五世离开荷兰逃往英国。此时距离1648年荷兰独立仅仅过去了147年。

有人说，荷兰是世界上第一个"赋予商人阶层充分的政治权利的国家"，这个"商人阶层"统治的国家，其所打造的独特的联省联合共和国政治体制以及独特的"省收省支"的财政体制，既是荷兰快速崛起的原因，也是荷兰迅速衰落的根源。

（一）郁金香背后荷兰的国运

郁金香今日依然是荷兰的国花，种植非常广泛。17世纪的荷兰人关于郁金香的疯狂投机活动，以及由此导致的郁金香泡沫事件，是人类历史上有记载的最早的著名投机活动。郁金香泡沫可以说是荷兰国运兴衰的一个侧影，也是今日世界各地种种投机泡沫事件的先声和预演。

17世纪，荷兰的郁金香热为人所熟知。在1637年，一株名为"永远的奥古斯都"的郁金香售价高达6700荷兰盾，这相当于当时一个大学教授一年工资的四倍左右的价格（当时荷兰莱顿大学一个教授的年薪只有1500盾），而当时莱顿市大学路运河沿岸一所富丽堂皇的房子价值也不超过2万盾。

郁金香起源于中国西部，并非荷兰本地花卉。首先在土耳其成为身份地位的象征，土耳其苏丹的儿子在1389年科索沃的黑鸟荒原与塞尔维亚人作战的时候就在铠甲下穿着一件绣有郁金香的棉布衬，引起了其他人的模仿。以花为身份标志是那个时代的潮流，发生在英国1455—1485年间的内战之所以又被称为"玫瑰战争"，就是因为作战的双方兰开斯特家族和约克家族的旗徽分别是红玫瑰和白玫瑰，而这两大家族又都属于金雀花王朝的分支。金雀花王朝的来源，据说是当时亨利二世的父亲安茹伯爵杰弗里经常在帽子上饰以金雀花枝。总之，那是一个男人爱花的时代。

在18世纪，法国太阳王路易十四，可以说是当时欧洲最有权势、最具有男子气概和男人味的男人，但他的一副王室肖像上却显示他戴着长假发，穿着丝袜和高跟鞋以一个芭蕾舞的站姿来显示自己的男子气概①。据说高跟鞋就是他发明的，因为他身高只有154厘米，所以发明了高跟鞋以便让自己变得伟岸一些，看来男人以高为帅是从古到今的标准，所以，今日之娘娘腔装扮也许恰是往日之男人气概的重要体现，男人爱花也就不算什么了。

广为流传的路易十四画像

不过，郁金香在荷兰引起的狂热却颇有一番趣味。

1562年，安特卫普的一个商人在从君士坦丁堡运出的一船衣料中发现了一些郁金香，却误认为是洋葱，大部分郁金香被剁碎了用于烹饪。不过一些漏网之鱼在厨房后面的菜园中被保存下来，并在第二年开出了美丽的花朵。凡事都是物以稀为贵，一开始，郁金香只是在花卉爱好者圈中受到欢迎，可是由于它的罕见，很快就成为人们渴求的目标。

---

① ［以色列］尤瓦尔·赫拉利. 人类简史：从动物到上帝［M］. 林俊宏，译. 北京：中信出版社，2017.

莱顿大学有一个教授叫克鲁修斯，是早期了解并爱好郁金香的少数人之一，他在莱顿大学进行了少量的种植。结果，其他爱好者就把郁金香从莱顿大学里偷了出来。很快，郁金香就在荷兰省大面积种植，其价格也一路飞涨。到了1637年，人们对郁金香可谓是疯狂到了极点，买家都在以前所未闻的高价购买郁金香，同时还认为它的价格会进一步上涨。最终，泡沫破裂，郁金香价格暴跌，很多人欠下了巨额债务。

不过换个角度来看，当时之所以能够出现郁金香热，也说明了当时荷兰共和国经济之繁荣，金融之发达，很多人都有钱，所以才可以如此任性、失去理性地购买郁金香。这也反映出当时荷兰普遍存在的投资气氛。再有，荷兰的花农能够迅速掌握郁金香的栽培技术并开始自己生产郁金香球茎这个事实，也说明共和国的经济具有高度的商业化和国际化倾向。所以，郁金香热从一个侧面反映出了荷兰共和国在17世纪的繁荣程度。但郁金香热的快速升起和快速幻灭，也从另一个侧面反映了荷兰共和国的某些特质，隐喻了共和国同样兴衰转瞬的国运。

（二）荷兰"省收省支"财政体制的确立

在欧洲的中世纪，君主们一般都是通过分封一部分土地以换取封臣们效忠的办法来建立军队。那些封臣们在战时奉召为领主服役，他们需要自备武器，有时候还要带自己的佃户作为扈从加入军队。几乎没有人懂战略和战术。幸运的是，战斗往往是短暂的，这样每个人都能在收获季节及时回家。忙时务农，闲时开战，互不影响生计。

到了16世纪，威尼斯和荷兰这样的商业国开始兴起，它们也需要军队来维护自己的利益，但它们又没有广大的陆地进行分封从而建立起自己的军队，怎么办呢？只能用钱搞定！它们可以把繁荣经济的一部分变成税收，雇佣士兵为自己作战。所以，在威尼斯和荷兰，税收对于军事上获得成功更加重要。

在16世纪的时候，荷兰南北各省存在紧张的对立关系。南方各省信奉天主教，北方各省信奉新教。1579年，南方各省宣布效忠信奉罗马天主教的西班牙，于是荷兰省、西兰省、乌得勒支省和格罗宁根省这些信奉新教的省份签订了乌得勒支同盟，荷兰从此进入南北对立状况，这种状况持续了一个多世纪。乌得勒支联盟各省都不希望别的省推选出来的人负责整个联盟事务，因此就难以组成一个强大的中央政府，联盟各省就只好各选代表组成三级会议来协商管理自己，这个会议也被称为联省会议，每个省选派的代表不等，但是每个省都只有 1 票投票权。你可以把这些代表看作是各省派出的大使，也可以把他们看作每个股东派出的股东代表或者董事会的董事。

这个联盟组成的三级会议宁愿选择别的国家的人来当荷兰的国王，也不愿意让别的省份的人来执政。法国的国王和英国的女王都被他们邀请过。法国国王亨利三世觉得干荷兰的国王吃力不讨好，风险与收益不成正比，就拒绝了荷兰三级会议的邀请。英国伊丽莎白女王也不愿意接手这块偏远的低洼地，但是她派了一个宠臣莱赛斯特伯爵去了荷兰。这个莱赛斯特很有意思，他竟然自己接受了荷兰总督的称号。但当他想对荷兰进行大刀阔斧的改革的时候，就和实力强大的荷兰省、泽兰省闹翻了。莱赛斯特被赶走之后，三级会议决定不再重复邀请外国君主，这样，一个独立的资产阶级共和国诞生了。有意思的是，到了 1688 年，荷兰执政威廉三世作为英国王室的驸马又被英国邀请过去当国王了，并且成就了英国的"光荣革命"。

这个事件对荷兰和英国都影响巨大。"威廉登上英国王位，不仅是荷兰走向衰落的里程碑，同时也标志着英国经济命运转折点的到来。"[1] 威廉不仅给英国带去了众多的金融人才，而且还把荷兰先进的政治经济制度迁移到了英国，并且进行了完善，可以说是英国能够取代荷兰并成为日不落帝国的一个标志性事件。

在荷兰，由各省代表组成的三级会议，负责同盟的征税、战争及国家的管理事务。同盟规定了全国性的税收体系，但是两个世纪之后才真正确立这个体系。在这期间，大部分税收都是由各省来征收的，这些省份都认为自己是独立自主的，认为如果税收由别人来征收就是在干涉自己的"内部事务"。顺便说一句，据考证，首次明确区分出"资本家"这个群体的国家就是荷兰。法国的一份备忘录于 1699 年指出，联合省三级会议制定的新税则把"资本家"同其他人做出区分，前者须纳税 3 弗罗林，后者付 30 苏[2]。

---

[1] [美]威廉·J. 伯恩斯坦. 繁荣的背后 [M]. 符云玲，译. 北京：机械工业出版社，2021.
[2] 布罗代尔. 资本、资本家、资本主义——概念的历史. 公众号"中华好学者" 2022 - 01 - 23.

联盟要共同对付外部的威胁,所以要承担共同的防务开支,因此各个省每年都必须批准它在集体防御中所承担的份额,也就是一份战争预算。在1583年,经过了数年的争吵之后,各省之间确立了根据相互之间的固定比率承担费用的原则。比如,荷兰省承担的费用是布拉班特公国的一半,西兰省承担的费用是荷兰省的1/4,乌得勒支省承担的费用是荷兰省的1/10,弗里斯兰省承担的费用是荷兰省的1/5,而格罗宁根省承担的费用是弗里斯兰省的一半,等等,用固定百分比的形式阐明了各省在总预算中应该承担的份额[1],也基本确立了荷兰独特的"省收省支"财政体制。

这样是有好处的:如果战事吃紧,需要增加税收,就很容易计算出每个省各自需要承担多少税额。不过如果各省人口和经济发生了重大变化,这种比例会变得不合理,需要进行相应调整。比如在17世纪,由于战争导致主要的贸易航线从斯凯尔德河流域转移到荷兰省,西兰省的经济受到了严重的影响,所以西兰省实际税收负担大大加重了。经过几年的谈判,西兰省最终成功地把其所承担的比例从占总预算的15%减少到11%,最后又减少到9%。1616—1792年,联盟各省所承担的税收负担基本没有变化,西兰省为12%,海尔德兰、乌得勒支和格罗宁根各承担5%,弗里斯兰承担11%,德伦特地区承担1%,荷兰省承担58.3%[2],也难怪我们经常用荷兰(省)来代表整个荷兰国家,人家本来就是老大。荷兰省的人口虽然增长迅速,但是基本也不会超过总人口的50%,所以荷兰省相对于其他省份来说人均承担的税负要高得多。

(三)消费税吞噬掉了伟大的帝国

按说荷兰这种主要依赖商业的国家,其主要的税收也应该来自商业税和航海税才对。但因为荷兰是商人作主的国家,所以商业税和航海税都很低,

---

[1] [荷兰]马尔滕·波拉.黄金时代的荷兰共和国[M].金海,译.北京:中国社会科学出版社,2013.
[2] [荷兰]马尔滕·波拉.黄金时代的荷兰共和国[M].金海,译.北京:中国社会科学出版社,2013.

而主要的税收却是消费税，这就导致了荷兰税收方面的矛盾很尖锐。

查尔斯·亚当斯在《善与恶：税收在文明进程中的影响》一书中曾经这样写道："消费税是商业癌症的体现，它可以吞噬和削弱经济，甚至最伟大的帝国。"① 不幸的是，荷兰就是被消费税吞噬掉的一个世界性帝国。

荷兰的教士和贵族并不能豁免消费税，这在一定程度上获得了税收的合法性，但是消费税的特点是所有人不管贫富都要通过购买商品而纳税，对于穷人不利。穷人迫于沉重的负担导致不断起义。在荷兰省，几乎对每一种产品都要征收消费税。曾经有人这样说："在阿姆斯特丹，当一条鱼最后被盛在盘子里端上餐桌的时候，它已经被征了不下 30 种税"②。消费税最终都会被转嫁到消费者头上，他们要为高昂的物价买单，消费税几乎占了 17 世纪荷兰财政收入的 2/3 之多。

消费税比例过高，对荷兰的影响是致命的。因为消费税会导致商品的价格上涨，商品的价格上涨会导致荷兰商品的竞争力下降，商品竞争力下降又影响到荷兰的造船业和航海业，进而影响到荷兰的国运。因为这会导致荷兰在与英国及法国在全球殖民地争夺战中处于不利地位，最终不得不把全球霸权地位让位于英国。

但征收消费税有一个好处就是方便征税，因为只要对生产商进行征税就可以，那个时候基本不存在产品滞销的情况，所以根据产品的数量征税还是比较准确的。但是这种征税方式对穷人不利，因为征税的对象主要是日常必需品，承担税负的主要是穷人，对富人影响却较少，并不是因为他们不需要消费这些必需品，而是他们可以通过提高农产品价格和地租来抵消他们所缴纳的税收——那个时候很多富人都拥有土地。

由于极端重视商业，或者说因为荷兰本来就是一个商人执政的国家（通过议会），所以政府的税收政策也并没有打算让富人更多承担税收责任，比如他们没有考虑征收所得税，因为这需要对商人们的账本进行准确核查。

---

① ［美］查尔斯·亚当斯. 善与恶：税收在文明进程中的影响 [M]. 翟继光，译. 北京：中国政法大学出版社，2013.
② ［荷兰］马尔滕·波拉. 黄金时代的荷兰共和国 [M]. 金海，译. 北京：中国社会科学出版社，2013.

不过，随着荷兰对外战争的不断进行，仅靠消费税难以为继。原来与西班牙和英国的战争主要局限于海上，1672年与法国开战后，荷兰需要海陆两面作战，于是不得不开始征收财产税，财产所有者被要求一年数次上交商品或者金钱。17世纪70年代，对房地产、有价证券和其他资本征收财产价值的0.5%的税，虽然税额不高，但是这10年里征税不下28次，共计获得了这类商品总价值14%的税款。不过，此时期依然没有对商业资本进行征税，一方面需要对战争机器进行不断的投资；另一方面是荷兰商人随时准备转移资产，不愿意缴纳更多的税收，所以17世纪后半期荷兰就开始出现一定程度的财政危机。

国家最有权势的那部分人反而纳税很少，这很容易瓦解国家的团结，让国家失去整体战斗力。

富人虽然不愿意多纳税，但是他们愿意提供贷款给政府，如果战事有利，比如说打了胜仗，通过战利品偿还债务还是有可能的。因此，荷兰开始贷款。这也是那个时期各国政府或者君主的普遍做法，而且，能迅速贷到一大笔款也是件不容易的事情，尤其是以较低的利率贷款。荷兰执政者们做到了，因为投资者信任荷兰省。

贷款人对借款人的信任在当时是一种稀缺的资源，这种稀缺的资源只有英国和荷兰统治者获得了，而西班牙和法国的统治者破坏了这种稀缺资源。比如，西班牙的腓力二世在1557年、1560年、1575年和1596年屡次违约推迟支付债务利息，他的继任者也在1607年、1627年、1647年、1652年、1660年和1662年做了同样的事情[1]。那么荷兰人为什么相信政府呢？首先是因为荷兰的代议制。代议制体制让投资者觉得政府这个实体就在自己附近，人们在大街上就会经常碰到这些议员（虽然他们不是民主选举产生的）。而且，这些议员本身也经常是债权人，如果政府违约或者破产，他们也会变成受害人，他们与国家利益与共、休戚相关。有了这种投资者与政府之间的信任，借钱就变得比较容易了。

1600年的时候，政府借款500万盾；1620年，这一数字变成了2000万

---

[1] [荷兰] 马尔滕·波拉. 黄金时代的荷兰共和国 [M]. 金海, 译. 北京: 中国社会科学出版社, 2013.

盾；1628年，这一数字又上升到了1.25亿盾。到了对法战争结束的时候，荷兰的债务达到了近3亿盾，荷兰省所有税收的60%差不多都用来支付债务利息了。在17世纪初，债务利率是8%，到1655年的时候，债务利息是4%，如此低的利息还花掉了税收的60%，你就知道这是一笔多么庞大的债务了[①]。荷兰执政者能以如此低的利率借到如此多的钱，也让外国政府充满敬佩之情并且羡慕不已。

信任就是力量，信任就是金钱。

荷兰征收税收的方式并没有迈向现代化，依然采用罗马时代就盛行的包税制，没有建立起全国性甚至全省性的税务机关。包税商投标胜出之后，在6个月的时间内，最多一到两年的时间内就要按照标书要求完成一定数量税款的征收。这个体系盛行千年自然有其好处，它能保证政府当局获得包税商预先支付的一定数量的税款，不管包税商后面到底征税多少。这样，政府就可以用这些确定的钱来做当前急需要做的事情（主要是打仗）。

当然，包税制的缺点也显而易见。即使经济发展了，纳税人缴纳的税收多了，但是政府的收入也不会因此而增加，这些多出来的收入只会落进包税商的口袋。至于政府在下一次的包税谈判的时候能否提高税额，那也要看双方的谈判能力以及对未来经济的信心而定。包税制在当时的时代不一定是一种"无效率"的制度，为了保证包税合同的公平，每个城市通过包税合同的时候都会有其他城市的监督在场。荷兰的这种异地监督制度也提高了其税收系统及债务系统的可信度。但是，分散式的包税并且经常短期的包税制度没能让荷兰建立垄断性的统一的税务机关。而且随着民众因为消费税的征税越来越重，他们的生活受到了严重的影响，税收反抗不断地发生。

在18世纪，荷兰很多企业家和有才能的人，甚至熟练技术工人都在外流，荷兰出现了严重的"人才外流"现象。那些留在国内的人也无法忍受沉重的税收负担及高税率而导致的物价疯涨，暴力抗税行动此起彼伏。1748年的税收反抗最终导致了包税制度的基本废除，但这对于荷兰来说已经有点晚了，世界已经变化，荷兰再也无法拥有过去的荣光。

---

① ［荷兰］马尔滕·波拉. 黄金时代的荷兰共和国［M］. 金海, 译. 北京：中国社会科学出版社, 2013.

所以，亚当·斯密在其伟大的著作《国富论》（1776年出版）中为什么要强调自由贸易、少量和简单的税收、没有关税等这些"自由"主张，并且这些主张受到了世人极大的欢迎呢？因为荷兰的反面教训就摆在大家眼前。英国恰恰因为学习了荷兰好的经验，并且尽力避免了其负面教训，才取代荷兰成为新一代的世界霸主。

另外，与没有统一的征税机关对应的是荷兰也没能建立统一的强有力的支出机构，比如财政部这样的机构。"省收"对应的是"省支"。比如，总收入中超过90%的税收是用来保证军事支出的，但是支出的方式不是各省把税收全部运到海牙，再由共和国统一支配，而是由特定的省承担特定的军队支出，由省的金库直接拨给相关的军事单位。1653年，荷兰省负责承担28个骑兵连和231个步兵连的经费，海尔德兰省负责承担2个骑兵连和21个步兵连的经费，乌得勒支省承担6个骑兵连和20个步兵连的经费[①]。问题是，这些军队打仗和驻扎的地方不一定在支付其开支的省份里面，那个时候又没有电子支付的手段，所以拖欠就会经常发生，而这是非常危险的事情。欠饷的士兵会变得不可靠，甚至发生兵变，因为这些雇佣兵全部的收入都来自于军饷。即使这些事情不会发生，也会影响军队的战斗力，如果军事战败，对于荷兰这样依靠贸易而生存的国家是致命的。

为了解决这个问题，荷兰发明了一种中间人支付的方式。这种中间人称为军事承包商（slliciteurs–militair，类似于军队银行），当各省的税款迟到的时候，军事承包商会按时把经费支付给士兵。当然，会收取价格不菲的服务费，最高达12%的利率。但是荷兰共和国成功地对此进行了控制，1676年的时候规定最高利率不能超过7%，到了1681年的时候又降低到5.2%，到了18世纪末的时候规定这种服务的利率不能超过3.48%，这和今天真正的银行收取的服务费也相差不多。虽然这种中间人似的准银行机构花费了一定的成本，但是很长的时间内让荷兰共和国避免了这个时代欧洲其他国家经常发生的军队哗变问题。

"省收省支"的分散支出方式造成了财政监督上的困难，不过对于荷兰来

---

① ［荷兰］马尔滕·波拉. 黄金时代的荷兰共和国[M]. 金海，译. 北京：中国社会科学出版社，2013.

说这是一种两难选择,恰恰是共和国的政治和财政机构支离破碎的特征激发了投资者的信任,使他们愿意把钱借给国家,使得荷兰共和国能够比其他国家以较低的利息借到更多的钱,从而维持国家的对外战争,但正是这种支离破碎的体系让荷兰的财政资金使用效率存在巨大的问题,削弱了国家对战争的支持能力。当后一种力量占据上风的时候,荷兰的辉煌时期也就结束了。所以评判任何一种财政制度的时候,我们既不能简单地以现代人的经验知识对其进行褒贬,也不能以这种财政制度过去成功的经验来否定它未来需要改革的必要性,它必须与时俱进。

稍晚独立的美国,充分借鉴了荷兰的"联省"共和国体制,同时在汉密尔顿的坚持下,坚持赋予联邦政府强大的征税和支出的权力,克服了荷兰缺少统一中央政府、进而缺少统一的财政金融力量的缺陷,构建了中央与地方相对均衡的权力体系,奠定了美国崛起的政治制度基础。所以,荷兰虽然由于财政体制缺陷导致了自身的迅速衰落,但是其先进的政治体制经过一定程度的完善直接孕育了英美两个后来的世界霸主,在世界历史的发展中占据了非常重要的承前启后的一环。

十五、神奇的法国：种下官僚，长出了税收

> 法国是一个物产非常丰富的国家——你种下官僚，长出来的还有税收。
> ——法国总理乔治·克里孟梭
>
> 如果能对愚蠢征税的话，法国政府将不得不自己支付愚蠢税。
> ——［法］米歇尔·科鲁彻

卖官鬻爵或者说官职买卖问题在中外很多国家或者朝代都不同程度地存在过或者依然存在着，所以不算是一种多么令人奇怪的现象，反而应该算是一种普遍存在的不良政治现象。但是一般国家的官职买卖行为通常都是统治者及民众所不齿和反对的行为，所以官职买卖大部分都是秘密进行，不可能光明正大地摆到台面上来。如果光明正大地搞这种行为可能意味着一个阶段的统治已经病入膏肓，需要改朝换代了。

所以，最高统治者一般都会对买官卖官的行为非常痛恨或者装出一副非常痛恨的样子，坚决反对自己的官员买官卖官，并对之采取高压打击，从而维护自己的统治。因此大部分国家官职买卖行为一般都是个别官员的私下行为，绝非国家的公开行为。

可法国是一个例外。

在法国，从 13 世纪就开始的卖官鬻爵行为完全是一种国家行为，是一种完全公开的行为，从军事将领到财政、税务官职再到法官官职都可以买卖，而且从国家层面光明正大地为这种行为进行辩护，这在世界史上绝对算是一种非常奇葩的行为（当然，那个时候的法国的国家意识还很薄弱）。

虽然同时期的其他欧洲国家也或多或少也存在这种现象，但均无法达到法国这种对之极端癖好、极端沉溺的程度。这种现象大大影响了法国的历史进程，法国因此经常被作为一个反面的案例与英国进行对比。因为英国从 14 世纪开始战胜了人口和财政收入都远高于法国这个老对手，最终成为日不落

帝国,改变了世界进程。而英国之所以能够战胜法国,除了英国自身的努力之外,同法国这种奇葩国家的卖官鬻爵(税收)行为把自身搞得乌烟瘴气是密不可分的。

法国的卖官鬻爵行为本质上是一种国家税收行为,是国家筹措财政收入的一种重要甚至主要的手段,法国太阳王路易十四,平均每年能从卖官中获得7000万里弗尔的收入,占当时王室收入的50%①,这就是法国为什么会把卖官鬻爵作为一种国家行为的最主要原因。国王之所以愿意通过卖官鬻爵行为筹措国家收入,是因为他不想受到议会的控制,如果通过征税来满足国家的财政需要,国王需要与议会进行长期的辩论和斗争,甚至屈服于议会。法国国王把卖官鬻爵玩出了新高度,其花样之多、创意之奇绝对冠绝古今。细究这段奇葩历史,你会发现现代国家的所有税收制度的精髓或者制度本质都可以更好地理解。

因此,法国的卖官史也是一段丰富多彩的财政税收史。

(一)卖官,怎样才能卖个好价钱?

在法国,国王是官职的供给方,或者说,国王是法国最大的官职制造商和最大的经销商。

既然是卖官,作为出售官职一方的国王肯定希望卖个好价钱,这样才能获得更多的财政收入。那么怎样才能卖个好价钱呢?以下几种办法:

第一,所卖官职要能够给买官者带来收益;买官所带来的回报要能够超过买官所付出的成本,官职本身最好还能增值。

第二,所卖官职国王不能随意撤销,要有稳定性,最理想的情况是官职能够像不动产那样稳定。对未来的稳定预期是某种商品能够保持价值和价格的重要原因。这很好理解,70年产权的房子应该比50年产权的房子要值钱,也更容易升值。

第三,官职的所有权和使用权肯定越久越好,最好能够传给后世或者转卖给别人。单个的人生是有限的,子子孙孙却无穷匮。

---

① 波音. 航海、财富与帝国:从经济学角度看世界历史 [M]. 北京:群言出版社,2017.

但是，这里面有几个问题需要统筹考虑。

当时法国所售官职主要是司法官职与财政官职（当时其他的官职没有这两类官职带来的好处多）。司法官职持有者可以向诉讼当事人征收各种费用，数额多少以开庭的时间长短为准，所以司法官职的购买者可以在保持司法正义的情况下获得收入。虽然大部分人对此持有怀疑态度，但至少从理论上来说有这种可能。法官们买来官职之后为什么会有可能保持司法正义呢？因为主持正义的权力和行为能够让他们获得世人尊重，因此会让个人获得非常高的社会威望。这些威望一方面会让更多的人找他们打官司，更重要的是，这种威望能让他们享受很多的优待和特权，这些特权可能是一些职业的垄断权（他们可能有其他职业，要不怎么会有买官的钱呢？），也可能是赋税或者其他公共负担的豁免权。

但是财政官职就不一样了，财政官职的购买者购买官职之后，要想获得更多的收益，要么就多征税，要么就向国王少缴税，但是无论哪种情况国王都不会愿意。所以，虽然官职是买卖的，但是平常国王还是会采取一些办法来监督和约束财政官职购买者的巧取豪夺、盘剥臣民的行为。不过，关键是国王的军事经费匮乏，而且还要打仗，否则国王就难以树立自己的权威，稳固自己的王位。但战争一旦陷入胶着状态，长年累月无法取胜，或者战败的话，那么国库就极易变得一空。这时候国王就顾不得约束这些买官者了，只要他们能够上交足够的财政收入支持自己继续打仗就行了。所售财政类型的官职就很难阻止买官者为了追求自己的利益最大化而破坏社会公共利益。你可以把这理解为国王的无奈，但是换个角度你也可以理解为国王是为了保护这种官职"产权"的稳定性及收益的稳定性所做出的妥协。

如果所售官职同时满足上述所说的第二点和第三点，国王还如何持续赚钱呢？要明白，国王需要的不是一次性买卖，而是要经常性地满足自己的财政收入。如果官职可以继承，官职又不能随意增加以防止现有的官职贬值，那国王还怎么继续从事卖官的生意从而可持续地获取国家财政收入呢？

国王经过长期的思考，终于想出了一个令人拍案叫绝的办法——我可以对官职转让进行收税啊！

由此，现代的商品流通中的交易税和增值税的原型就开始出现了。对官职转让进行征税这个伟大的发现，对于法国的国王来说，简直就同发现了取之不尽用之不竭的聚宝盆一样。并且很快就把这种税收玩得天花乱坠，各种创意层出不穷，并影响至今，传播到世界各地。

比如，国王很快就在部分官职转手方面弄了一个新规定——40天规则，即官职持有者在转让其官职40天后死亡，该官职将归还国王，国王可以重新自由地将其再次出售——国王在保持官职总量不变的情况下就自动有新官职可卖了①。

对于买官者来说，这实在是一种选择困境，如果提前把位置卖给别人或者留给儿子，那么自己买的官职还没有享受够就出让了，实在吃亏；如果等自己病重的时候才卖官职或者传给儿子，那么谁知道能不能熬过40天呢？恐怕现在的医学也无法判断你得了某病会最终活多少天吧？那个时代的人就更不可能知道自己是40天之后死还是40天之内死啊。

国王为了缓解他们的困境，就又体贴地发明了一种带有职位继承人指定（通常就是买官者的儿子）的官职，这种官职不受40天的限制，当然价格也就不一样了（增值服务就要有增值价格）。前面那种官职买官者等于只有部分所有权，但后面这种官职买官者才真正拥有了全部所有权。

通过对官职转让征税是增加财政收入的一个好办法，但是对于国王来说这远远不够，不能满足他们越来越浩大的战争支出。所以在1551年的时候，亨利二世又想出了另外一种快速赚钱的办法——官职轮值。即让某些官职（主要是一些低级法院的官职）在若干持有者中一年一轮值或者两年一轮值，有的官职甚至半年就轮值一次②。这样，一个官职就可以卖给两个人甚至三个人，法国国王因此又发明了一种共有产权。一个官职等于卖了两三次，多么精妙的税收发明啊，法国国王的税收智慧简直逆天了。所以，共有产权以及共建共享这些看起来非常时髦的思想绝非今日才有，几百年前法国国王已经玩得很顺手了。

---

① [英]威廉·多伊尔. 捐官制度——十八世纪法国的卖官鬻爵 [M]. 高毅，高煜，译. 北京：中国方正出版社，2017.

② [英]威廉·多伊尔. 捐官制度——十八世纪法国的卖官鬻爵 [M]. 高毅，高煜，译. 北京：中国方正出版社，2017.

（二）卖官的金融化

官职买卖也是一种市场行为，既然是一种市场行为，官职的准确定价就非常重要，这是一个专业性非常强的问题。初次买官和再次转让的时候都需要对其价值进行准确评估。

法国的卖官制很像今天的房地产，需要对官职的市场价值进行专业评估，并且由于官职太贵，又有太多人想买，所以也需要有金融力量介入，就像今天的银行贷款帮助购房者买房一样。

当然，那时不是由银行来做这些的（还没有银行），而是由包税人或者税务官（这个官职本身也可能是购买得到的）来做的。它们鉴定和开发包括官职在内的各种金融商机来赚钱。它们提出新官设置、官职出售以及其他各种卖官筹钱的策略，并承担付钱的主要责任。就像住房贷款一样，它们会帮助买官者预付现金，然后买官者对它们分期付款。它们收到款项后扣除自己应得的，把其余的交给国王。它们还把官职转让40天的豁免权变成了一种税收制度，叫Paulette税（博莱特税，以查尔斯·博莱特的名字命名），即如果每年支付官职投资的一部分（开始的时候是1/16，后来涨价了），就可以获得40天规则的豁免权，即官职转让不再受40天规则的限制了。这种税像不像今天的财产税呢？如果你把官职视为同房子一样的不动产的话，那这种年税就是房产税。

你以为法国国王的税收智慧到此为止了吗？远不如此，接下来继续看看法国国王为了找到征税的理由贡献出了多少让人惊叹的智慧！

买到官职的人肯定都希望官职的价格能够稳定，最好能够增值。让官职升值的最好办法就是不要再设置新的官职，官职稀少价值自然上升，可是不设置新的官职国王还怎么创收呢？这当然难不倒聪明绝顶的国王。

国王经常会放出风声说，朕没钱了，最近手头紧张，想再造几个新的官职出售。这些现有的官职购买者一听就慌了，赶紧对国王说，你不是缺钱吗？我们另外再给你一些钱吧，你就不要再造新的官职了[①]。结果就是国王一次又

---

① ［英］威廉·多伊尔. 捐官制度——十八世纪法国的卖官鬻爵［M］. 高毅，高煜，译. 北京：中国方正出版社，2017.

一次敲诈成功，一次又一次地获得了自己想要的财政收入。人总是想拼命保住自己手里的东西——法国国王是心理学大师。

（三）为什么买官？

既然买官看起来要承担那么多痛苦，法国有钱人为什么还热衷于买官呢？其实一点儿都不难理解，无非为名为利，或者既为名又为利。

官职价格会随着官职本身特权大小的不同而不同。这些特权既能为官职持有人带来利益（或者减少责任），也能带来荣耀和尊崇。

比如很多地方法官职位都享有无须为军人安排住处的特权，或享有不被指定为未成年人监护人的特权（有时候当别人的监护人也是一种沉重的负担）。大部分地方的法官职位还能免除名目繁多的城市财产税以及夜间巡逻等市政义务。买官者最渴望的财政特权还是军役税（taille），因为军役税的免除意味着买官者在所有他拥有财产的地方都能同时享有免税特权。同时，军役税豁免权还是一个公认的社会地位高的标志。因为在旧制度，缴纳军役税本身就是出身低微的一个标志，军役税缴纳者是平民的同义语[1]。因此，获得军役税的豁免权既是一个减轻自己财政负担的经济行为，更是摆脱平民身份而成为一个特权者的社会荣耀行为。实际上，这都不算什么，如果能拥有贵族身份，就能囊括所有这些特权，所以，能赋予贵族身份的官职是最贵的也是最值得购买的。

但这引起了一些连锁反应。

当很多人通过买官行为获得贵族身份，原有贵族的利益和情感就受到了伤害。贵族一直认为自己拥有高贵的血统和高贵的品质（保家卫国、主持正义、保护弱小、引领社会向善等），现在突然发现一大批土豪和品行低下的人竟然通过可耻的金钱行为与自己平起平坐了，可想而知他们的失落与愤怒。同样，那些通过花钱买官而晋升为贵族的人，发现原有的贵族竟然还是像原来一样鄙视自己，心里自然也很不爽，社会阶层因此而分裂，并埋下了相互

---

[1] Michael Kwass. Privilege and the politics of taxation in eighteenth – century France [M]. Cambridge University Press, Cambridge, 2000: 25.

仇恨的种子,这是法国大革命非常血腥的一个重要原因。

(四) 卖官制对法国的影响

很明显,法国国王是聪明反被聪明误了。卖官制一定时期让国王获得了自己想要的财政收入,但带来了一系列灾难性的后果。

卖官制强化了法国的集权体制。法国国王通过卖官行为把法国社会中最富裕的那部分人变成了国王的官吏,国王在同贵族的人、财争夺战中占据了优势,从而巩固了法国的集权统治,贵族对国王的约束力渐弱。如果国王倒了,意味着那些有钱人投入大量财富得来的官职将不复存在,所以这些买官者会尽心拥护国王的统治。后来普鲁士的铁血宰相俾斯麦之所以率先在普鲁士推行社会保障政策,也是希望通过社会保障政策把工人阶级与普鲁士政权绑在一起——如果工人把普鲁士政权推翻了,那他们的社会保障也将不复存在,社会保障政策的初衷实际上是一种安抚和收买政策,后来才逐渐被广泛认为是一种"社会安全网"政策。虽然卖官制是国家收钱,社会保障是国家出钱,但是它们的"绑架"效果却非常类似。

卖官制阻止了法国国会及其他民主力量的增长,限制了法国成为超级大国的可能。法国已经无法通过自身的改革完成资产阶级革命,社会分裂不可避免,阶级矛盾不可调和,阶级间的仇恨越积越多,最终爆发了法国大革命,一批批人被推向了断头台,整个社会遭到了极大的破坏,法国自始至终也没能成为一流国家。托克维尔曾经说过,在大革命前夕的法国社会中,"愿意为共同目标而一起奋斗的尚不满十人"[1]。

法国以卖官为特色的财政制度导致富人不愿意把主要资源和精力用来发展经济,整个社会把注意力都放在了只重新分配财富而不创造财富的公职上面,挖空心思与国家和税收官员斗智斗勇,市场经济的发展受到了极大的抑制。

富人或者其他精英群体买官最主要目的都是为了免除自己的税收负担。

---

[1] [美] 弗朗西斯·福山. 政治秩序的起源:从前人类时代到法国大革命 [M]. 毛俊杰,译. 桂林:广西师范大学出版社,2012.

先是贵族和教士，然后是城市富人、皇家官员以及各级地方官员，最终只有穷人纳税，这自然激起了穷人一系列起义和抗税斗争。镇压穷人的行动又进一步破坏了社会生产力和经济环境，浪费了宝贵的军费，削弱了经济发展的可能。

（五）法国卖官鬻爵的启示：

1. 官僚体系自身不能成为一种利益集团，更不能成为国家财政收入的源泉，这种利益集团会严重阻碍自身的改革，整个国家政体和行政管理体制会越来越僵化和腐败，严重阻碍新生社会力量的成长。

2. 政府获得财政收入的来源不能太单一，而且获得财政收入不能太容易。否则就会像吸毒一样上瘾、戒不掉，最终毁掉整个社会。政府的税收来源太单一，不仅财政结构非常脆弱，国家财政容易陷入巨大的波动当中，而且政府容易被资本势力所"俘获"，失去政策制定的自主性和公正性；政府获得财政收入太容易，就一定不会投入巨大的精力去思考如何建立更好的制度，如何拓展更多的税收来源，如何进行更多的创新，如何调动整个社会的积极性。既然躺着就能赚钱，谁还会努力奔跑呢？

3. 税收的设计应该体现出一种共同体的责任感，应该为了整体利益而分别承担相应负担，税收不应该成为一个阶级转移自己负担到其他阶级身上的一种手段，更不应该成为一个群体惩罚另外一个群体的手段，这样的社会必然走向崩溃，而且最后往往伴随着非常血腥的结果。

十六、德国：学习法国好榜样

约翰·斯图尔特·密尔曾经说过："我早就说过，现代社会的所有问题都会在法国，也只会在法国得到解决。"就财政问题而言，密尔只说对了一半：所有的财政问题都出现在了法国，但是很多财政问题却在德国得到了解决，而且是法国人帮助德国解决的。

法国人去指导德国的财政制度建设，这样的事情是怎么发生的呢？

法国有一位财政部长约翰·劳（1716 年入职）也是一位来自苏格兰的外国人。而且，他同时还是法国的总包税商。他把法国本来已经很糟糕的财政向着破产的深渊又推进了一大步。他在主政法国财政期间，主导了 18 世纪欧洲最大的金融危机，甚至可以说史上最惨烈的一次金融崩溃——密西西比泡沫事件。这起事件让法国王室臭名远扬，让包括法国人在内的全世界人民对法国金融系统和国王的金融智慧都失去了信心。法国不得不以比英国高得多的利率来获取贷款，最终在与英国的争霸中败下阵来。到了路易十六时期，国王因为无力偿债被迫召开三级会议，揭开了法国大革命的序幕。

1766 年，在亚当·斯密的《国富论》诞生前 10 年，有 350 名法国人来到了柏林，帮助德国人管理国家财富。他们不是第一批到达普鲁士的外国移民，也不是长达数个世纪之中最后一批帮助建设普鲁士国家的外国友人。但是这批法国人还是与其他那些进入柏林的外国人有很大的不同，他们不是宗教避难者，不是熟练工人，不是商人，他们是税务管理人员。在接下来的 20 年间，他们帮助德国创建了一套全新的间接税的税务管理系统——*Régie* 制度体系（也称普鲁士国家税务局制度体系）。这批人实际上是受到德皇腓特烈大帝（Frederick Ⅱ，也译作弗雷德里希二世）邀请来到柏林的。腓特烈大帝 1786 年去世之后，他的接班人就把这批法国财政顾问解散了，但是这批财政专家引入的相关财税制度在德国产生了深远的影响，尤其是 *Régie* 制度体系是普鲁士财政历史一个最重要的转折点。

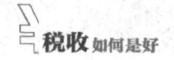

（一）为什么向法国学习

法国的财政经验的确丰富，但是一般情况下大家都喜欢向成功者学习。18 世纪末到 19 世纪初在财政方面最为成功的国家无疑是英国，而法国的财政系统几乎时时刻刻都处在崩溃的边缘。所以德皇腓特烈选择招募法国的税务行政人员不仅惊呆了当时的德国人，也惊呆了当代的很多学者。

不过仔细考虑一下也不算太意外。

第一，英国的税收制度被认为成功而法国的税收制度被认为失败，那是后人主要根据 19 世纪的事情做出的现代判断。19 世纪法国发生了大革命，对法国各方面造成了巨大的破坏，而 19 世纪的英国在军事和经济方面都取得了显著的成功，并且英国与法国在长期的争霸战争中最终胜出，但当时德皇腓特烈无法看那么远。

第二，人一般都是倾向于学习和自己比较类似的榜样，或者说，都会倾向于学习自己认为可以学习的对象。在德国的税务系统 Régie 制度体系建立之前，德皇只对奥地利的相关制度有所了解。而奥地利和法国的社会、政治结构以及面临的财政问题都与德国比较类似，税收制度不可能完全脱离一个国家的经济、政治和社会结构。对于德皇来说，如果采用英国的税收制度，并且想让之有效的话，有可能还要改变自己国家的政治、经济和社会结构。先不说这个难度有多大，更关键的是这种巨大的变动有可能会危及德皇自己的统治，这是任何一个统治者都不愿意看到的结果。比如，英国人可能会主张建立代议制限制君主的征税权和支出权，征税需要纳税人同意，等等。

当然，法国人在征税方面的能力的确比较突出。法国的总包税商可以说是当时整个欧洲最复杂、技术能力最强的公司，这种包税公司实际上就是法国的税务行政体系。而这批来到柏林的法国税务专家，大部分都出自法国总包税公司。当时法国总包税公司有一个叫 Helvétius 的人，1751 年离开包税公司之后就到柏林附近的波茨坦居住，很多去普鲁士的法国人都是他推荐的。当时法国的思想、艺术、生活方式甚至法语都对整个波茨坦地区有着很大的影响，因此波茨坦地区的普鲁士人接受法国的东西比较自然。而当时的波茨坦在普鲁士的地位几乎与柏林相当。

（二）法国的税收顾问对普鲁士的贡献

这些法国财税专家带给普鲁士财政方面的最大变化是依据普鲁士的国情发展出了一套符合普鲁士的财政系统。刚开始的时候，德皇希望的是依据法国的税收模式建立一个普鲁士版的总包税商制度（General Farm）：总包税商每年给德皇一大笔钱（因为德皇急需要一大笔钱），同时获得在整个国家范围内征税的权力。也可能德皇本来就是想打造一个类似法国那样的总包税商制度，所以当初才主张招募法国的税务管理人员。

当时德国的资本市场尚未充分发展起来，很难征集到所需要的财政收入，法国的财税专家已经在意大利建立起了一个类似的制度，这吸引着腓特烈二世在普鲁士也建立一个同样的制度。可普鲁士的金融家们因为资本市场不够发达，即使是最有钱的普鲁士人也可能无法募集到政府所需的收入。而且普鲁士的大部分企业与政府关系密切，很多还是军队的供应商，他们很多都是拿政府的补助和借款的，因此不大可能自己先拿出一大笔钱给政府，然后自己再去征税。所以，普鲁士自身实际上不具备建立总包税商这种税收制度的条件。

因此，法国顾问拒绝了德皇建立一个类似法国或者意大利那样的总包税商制度的想法，坚持新的税务行政系统要由政府来直接运营，法国人因此给这个新制度随便起了一个名字，免得让普鲁士同法国臭名昭著惹人怨恨的旧制度（Ancien Régime）关联起来。他们认为总包税商制度存在一个很大的缺点，由于它需要先向德皇支付一大笔钱，这样它接下来向国民征税的时候，肯定会尽可能地征更多的税，这样才能赚得更多，因此可能就会无视税收的公平正义和税收的合法性。

法国顾问们很清楚法国就此而陷入了财政困境，民众对总包税商充满怨恨，认为它们不是在为国家服务，而是在为富人服务，导致法国内部不团结，社会凝聚力很差，社会矛盾尖锐。其实大家想一想，所谓包税商事实上同现在的贷款买房当中银行的作用差不多，银行就是替买房人向房地产商先支付一大笔钱，然后再慢慢地从购房人手中把本金和利息赚回来。所谓总包税商实际上通常是很多个金融家或者金融公司组成的财团（一个金融家通常拿不出国家所需要的一年甚至数年的收入），这也可以看作现代股份公司的前身。它们加入总包税商之后，自己就获得了免税的特权，同时从纳税人身上赚取相关的利润。在 18 世纪的法国，这些人可能是最不受欢迎和最遭人怨恨的人，当革命爆发的时候，他们也最有可能被送上断头台。

法国的顾问们成功地阻止了德皇引进包税制的企图，当时包税制所引起的问题在法国已经很清晰了。法国的财税专家也不是不想挽救它，在 1780 年，内克（Necker）①也曾企图降低总包税商在法国的重要性，用类似 *Régie* 这样的体制来替换它。但是，改革来得太迟了，改革未能完成，最终导致了法国大革命的爆发。因此，可以说这批从法国总包税公司出来的法国顾问们帮助普鲁士建立了一个更有效率的税收体系，同时还避免了它在法国的那些缺点。普鲁士 *Régie* 制度的管理者们在 1765—1766 财政年度之后只能拿取财政收入的 5% 作为回报，并不能像法国的总包商那样：收尽可能多的税，扣掉给国王的那笔钱，剩下的都是自己的。

法国人做出的第二个影响比较大的事情是在普鲁士建立了一套新的消费税制度（excise tariffs）②。在 1766 年，他们宣布进行一项临时的消费税改革方案，并组建一个委员会来负责最终的税制结构。改革的主要目标是改变税收结构和它的管理系统，增加财政收入只不过是它的第二目标。改革公告明确宣称新税将带来正义的和比例税制——纳税人应该按照自己财富的比例进行纳税——这实际上是向富人征税。税收改革委员会就成了这些新的法国顾问与旧的普鲁士当局之间斗争的主要场所，委员会中部分普鲁士人代表了德国庄园主的利益。当然，有了德皇的支持，改革基本能得以顺利推进。

新的消费税事实上确立了被后人称之为"按能力付税（ability to pay）"的现代税收公平原则。为了实现公平的目标，德皇和顾问们讨论了很多降低必需品的税率方法以减轻穷人的税收负担。比如，废除了谷物税，取消了低等级啤酒税，这些酒主要卖给穷人和士兵。减免税收行为并没有降低国家的

---

① （1732－1804），瑞士出生的法国金融家、政治家，两次出任财政大臣（1777－1781，1788－1790），试图改革财政制度，其被罢免是导致巴士底狱暴动的原因之一。

② Florian Schui. Learning from French experience? The Prussian Régie tax administration, 1766－86 [A]. in Holger Nehring, Florian Schui. Global debates about taxation [C]. Palgrave Macmillan, New York, 2007：46.

总收入，相关的缺口通过对富人征税而得以弥补。比如对中高级啤酒、白兰地、某些肉类以及奢侈品征收更高的税率。法国顾问建立的新税制通过对富人多征税而免除穷人必需品税让税收具有了正义的光环。

德皇和法国顾问们关于肉是否属于奢侈品有点争议，法国人认为普通老百姓基本上吃不起肉，但是德皇不想听到对肉征收更高的税率。最后达成了一个妥协，其他的肉要征税，但是猪肉除外，因为猪肉被认为是穷人吃的肉。看起来中西方都比较类似，早期中国贵族也主要是吃牛羊肉的，不喜欢吃猪肉。

新的税收改革方案与有效的税收征管体系 *Régie* 结合之后，普鲁士人立即感觉到了新税收制度的影响力。

Régie 制度体系减少了普鲁士人的免税特权，因为它有效地执行了法律规定的免税条件，不符合免税情况的就不能免税。德国当时的免税特权主要同身份与地区有关。一般情况下，乡村不用交销售税，贵族与教士也免税。但是，很多免税特权并没有明确规定，也可能是的确享有某些权力，也可能只是税收征管能力低下，导致某些群体很容易避税。*Régie* 制度体系能够有效地控制免税特权的法律正当性，从而能够逐渐地减少所有形式的免税特权。*Régie* 制度体系实际上是通过有效的征管体系让那些打着税收特权幌子的人露出原型，这样不管对本来享有免税特权的人还是其他纳税人来说，都是好事。也就是说，不该纳税的人可以不纳税，但是该纳税的必须纳税。这也是某种社会正义原则，虽然这必然触动某些人的利益。为了不让 *Régie* 制度体系这个税务部门直接面对各种冲突，又设立了独立的法庭体系来裁决与 *Régie* 制度体系有关的纷争。

有意思的是，减少免税特权并不是德皇的意思，德皇反而告诉法国顾问们不要干预任何真正的免税特权，但是 *Régie* 当局对此拥有巨大的热情和行动力。而且，他们的目标不仅仅是打压税收特权，还想在普鲁士所有的州和所有的普鲁士人当中建立起一个无差别的税收征管体系[1]。他们之所以对此抱有

---

[1] 1648 年"三十年战争"结束之后，德意志四分五裂，大约 314 个邦国和 1475 个骑士庄园领地，可以说有 1789 个独立的拥有主权的政权，所以可以想象建立一个统一的税收体系是一件多么宏伟的事情。

很高的热情,可能是他们在法国就是这样做的,认为这样做是专业精神和职业道德的体现,更可能的是他们对法国人拥有的免税特权早已深恶痛绝,也可能是他们已经帮助法国国王取消了很多人的免税特权,特别有经验和心得——任何人都有把自己的经验和心得传授给别人的冲动。

总之,新的消费税,新的征管体系,免税特权的减少,使得绝大部分普鲁士人都光荣地成为纳税人,普鲁士政府大规模实现了对精英阶层的征税,以至于有人说这是普鲁士的社会主义行为。是不是社会主义行为不好说,但是按能力付税,对穷人免税,让富人纳更多的税,这些税收特征的确是现代税收体制的重要特征。所以后来德国在全世界率先建立了社会保障制度,应该说也不算太意外,其渊源也许可以追溯到法国财政顾问们的这次税改贡献。

(三) *Régie* 制度体系在普鲁士的终结

腓特烈大帝在1786年去世,他的接班人威廉二世(腓特烈大帝的侄子)上台之后,对德·劳内进行了停职(de Launay,*Régie* 的部门负责人,相当于财政部长),并且成立了一个修正委员会(*Revisions Kommission*)改革和替代 *Régie* 部门,实际上等于宣告了 *Régie* 制度体系的终结。

第一,法国财政顾问们被解散,由普鲁士人取代,但这些普鲁士人已经在 *Régie* 制度体系下得到了长期的训练。

第二,有些税收改革的内容被取消了,比如早已废除的谷物税又重新征收;

第三,税收官员检查和搜查的权力受到限制。

但是,法国人已经建立起来的税收征管体系和消费税体系大体上都被保留了下来。我们常说卸磨杀驴,这次是驴换了,磨并没有停。因此 *Régie* 制度体系带给普鲁士人的全国统一而有效的税收征管体系、技能熟练的公务员队伍仍然存在(腓特烈大帝的名言之一就是:我是这个国家的第一公仆),在普鲁士边境设立的海关系统减少了境内城市之间以及各省内部到处设立的关卡,不仅减少了内部物流成本还促进了统一的国家意识。更重要是,新的税收征管体系和新的税制让国家的注意力从关注税收特权、短期的财政增加以及地方特殊利益方面逐渐转移到了经济发展、财政正义以及税收的一体化方面,这对于普鲁士的强势崛起非常重要。

但是，威廉二世为什么还是把辛勤工作和做出了杰出贡献的法国顾问给换了呢？主要还是为了安抚国内反对势力的情绪。

腓特烈大帝在位期间，虽然有反对的声音，但是他们也不能怎么样。不过威廉二世由于同庄园主关系密切，而且志向不在经济发展和行政改革，因此无能力也无意愿继续抵制这些反对的声音和力量。反对的形式多种多样，包括走私活动越来越多，个人的抱怨越来越多，公司、城市和其他社会以及地方群体的不满也越来越多，威廉二世自己的顾问也反对和阻挠 *Régie* 制度体系。反对力量之所以如此强大和广泛，主要还是因为 *Régie* 制度体系对于普鲁士人来说属于一个外来的东西，缺少普鲁士人所认可的合法性。

第一，*Régie* 制度体系的创立加剧了德皇与庄园主之间长期存在的关于财政特权、征税权以及税收管理权等方面的矛盾[①]。建立 *Régie* 制度体系以后，庄园主（实际上也常常是地主、贵族和骑士）在税务行政管理当中的作用慢慢被削弱了。有了 *Régie* 制度体系，德皇可以与纳税人直接建立起联系，无须贵族的中介作用。随着德皇税收的增加，德皇的权力自然也就越大。但是，过去税收通常需要通过参与税收事务的庄园主们的批准，税收才能获得相应的合法性，这是德国版的"同意才能征税"。但是 *Régie* 制度体系更多地体现了一种征税方面的技术能力，缺少创建税收合法性的程序。它的使命本来就是想通过技治能力来打破贵族程序上的制约，但是没有了腓特烈大帝的强力支持，这种制度也就等于走到了尽头。

第二，反对的情况与当时欧洲其他国家类似，即社会力量普遍反对政府对私人事务的干预。因此，普鲁士人也反对政府干预社会的生产、贸易和消费过程，反对政府的代表侵入私人住宅。在很多城市中，早期的资产阶级越来越把经济活动和私人房屋视为一种"私域"，现代税收国家的思想建立在政治领域（公域）和经济领域（私域）明确区分的基础上，税务行政管理是私域与政治领域最重要的联结区域，同时税收是联结两个领域最重要的机制。

[①] Florian Schui. Learning from French Experience? The Prussian Régie tax administration, 1766 – 86 [A]. in Holger Nehring, Florian Schui. Global debates about taxation [C]. Palgrave Macmillan, New York, 2007: 51.

当国家征税越来越多，征税范围越来越广，等于公域介入私域的程度越来越深，自然就会产生冲突和矛盾。所以那些城市居民、小生产商、商人为了避免政府对他们经济事务的干涉而反对 Régie 制度体系。当时普鲁士为了强制实施咖啡垄断经营，Régie 制度体系的官员经常会搜查私人家庭搜查有无走私的咖啡，一时激起了很多资产阶级的愤怒与反抗。

第三，支持普鲁士人对 Régie 制度体系进行反抗的因素是刚刚萌芽的普鲁士的民族意识。在中国的清朝晚期，中国的海关由英国人赫德掌权长达 45 年（1863—1908 年），虽然从个人专业的角度来说，他是非常值得钦佩的一个人，在腐朽的帝国制度中创造出一个廉洁不贪腐的高效衙门，每年为国家贡献超过 1/3 的税收。但是后人依然把外国人把持清朝海关视为中国半殖民地半封建社会的一个标志性事件，一件耻辱的事情。当时的普鲁士人也有类似的感觉，只是程度可能会轻一些。

有人认为由一批未归化的法国人来对所有的普鲁士人进行征税和搜查，这就好比外国人在对普鲁士实施统治，因此是一种压迫行为，甚至一位大臣认为这种压迫已经迫使德国人"习惯于最彻底的悲惨状况"。还有一位批评家说弗雷德里克是一位"雇佣外国人从其臣民身上搜刮钱财用来执行军事冒险的暴君"。[①]

这就产生了一个很奇特的悖论：Régie 制度体系追求税收一体化的努力使得普鲁士整合在了一起，促进了统一的国家意识，但是普鲁士人反抗 Régie 体系的行为反而进一步激发了普鲁士人的民族团结意识和民族情感。改革者的最高使命就是把自己改没了，Régie 制度体系也走上了这条不归路。普鲁士人对 Régie 制度体系的行为，就像一场国有化行为——不是企业不好，关键它是外资企业，因此要把它改头换面，令其国有化，这样它就属于独立自主的国有企业或者民族企业了。

德国历史学家施穆勒（Schmoller）曾指出，1786 年的普鲁士是整个欧洲最现代化的国家[②]。如果此话为真，那么 Régie 制度体系贡献巨大。所谓现代

[①] [美] 查尔斯·亚当斯. 善与恶：税收在文明进程中的影响 [M]. 翟继光，译. 北京：中国政法大学出版社，2013.

[②] F Florian Schui. Learning from French experience? The Prussian Régie tax administration, 1766 - 86 [A]. in Holger Nehring, Florian Schui. Global debates about taxation [C]. Palgrave Macmillan, New York, 2007：55.

化主要通过税收国家的出现以及工业化的发展而界定，而普鲁士这两者的发展变化同 Régie 体系的引进都有关系，所以说，法国的财政顾问们奠定了德国的现代化基础。

我们都知道俾斯麦号称普鲁士的铁血宰相，但是，铁血政策背后离不开 Régie 制度体系提供的财政支撑力量。

1864 年，普鲁士发动普丹战争，从丹麦手中获得了普鲁士北部的石勒苏益格和赫尔斯泰因。

1866 年，又发动普奥战争，击败奥匈帝国，确保了南部边界，并且由此击败对手获得了统一德意志民族的领导权。

更重要的是，到了 1870 年，现代化的普鲁士只用 6 个月就击败了自己的昔日老师法国，大批巴黎市民拒绝接受德国胁迫法国签订的不平等和约，他们揭竿而起，成立了后来我们都熟悉的"巴黎公社"。法国这个昔日欧洲大陆强国令人震惊的战败，以及共产主义性质的巴黎公社的出现，对整个欧洲乃至整个世界都产生了巨大的冲击和影响。

这肯定是帮助德国人建立税收管理系统的法国财政专家无法预料的事情。

十七、美国兴衰的税收根源：从间接税到直接税

征税之权力即摧毁之力量。

——[美]联邦最高法院首席大法官马歇尔

"我完全无法弄清楚税款金额，对我来说这似乎是一个高深的数学问题，是否请国税局告诉我，究竟要缴多少税？"

——[美]美国总统富兰克林·罗斯福

税收对美国历史的影响可能比地球上所有国家的影响都巨大。

美国因税收闹革命，脱离英国而独立；又因关税导致国家南北分裂，通过战争才重新获得了统一，付出了死伤超过100万人的惨重代价（美国当时人口还不到5000万）。但美国也依靠强大和复杂的税收制度，铸造了强大的国家。这其中关键的一步，是发生于19世纪末和20世纪初的美国税收制度的大转型时期：从间接税为主体的旧税制转向以直接税为主体的新税制，用累进的直接税制替代了累退的间接税制。

征税从来不会让人开心，征所得税就更不会让人开心。但是，如果处置恰当，可以同时实现国家强大、市场良好、社会团结等理想目标。所以，从来不应该仅仅把税收视为增加政府财政收入的一种手段，而应该把它视为实现一揽子理想目标的工具。美国此次税制大转型，是实现这些理想的一次伟大的社会实践。但是，它也是从沉重的历史教训中一步步走来的。而且，还留下了其他意想不到的负面后果。在中国已经准备大力提高直接税比重的情况下，我们需要仔细审视美国这段历史，并考虑如何走出一条更优的具有中国特色的财政转型之路。

（一）美国历史开端：关税引发独立

历史课本告诉我们，美国立国之初是从反抗英国对美洲殖民地征收的印花税和茶税开始的。

本来，所谓的美国人，实际上原来都是英国人，因为各种原因而来到了美洲。但他们并没有抛弃自己的祖国，英国也没有抛弃他们，所以他们不是到美洲建国去了，而是去建立殖民地，先后建立了 13 个殖民地。

那个时代的英国和法国为了争夺世界霸权，双方不仅在欧洲大打出手，而且还把战火烧到了亚洲和美洲。因此，英法两国展开了针对北美殖民地的争夺，这场战争打了 7 年，所以就叫"七年战争"。战争初期英国处于不利地位，但是战争期间英国迎来了他们著名的老威廉·皮特首相，他不仅战争谋略一流，财政能力更是超一流，凭借着他源源不断的税收保障，英国最终战胜了法国，夺取了北美的殖民地控制权，殖民地上的英国人也以自己是大英帝国的一分子而倍感自豪。

殖民地的这种自豪却没能持续很久。

当时英国争霸战争的对手不仅仅是法国一个国家，还包括奥地利、俄罗斯、瑞典等国，而英国的盟友只有一个普鲁士，虽然普鲁士能打仗，但问题的关键是普鲁士很贫穷。因此英国在战争期间为了稳住这个唯一的盟友，7 年战争期间总共给予了普鲁士 1000 万英镑的战争援助。这个数额超过了奥地利、法国和俄罗斯对手国家军费的总和。结果就是，战争胜利了，但英国这个地主家也没有余粮了——战后财政非常紧张。

这个时候，英国出了一个昏招——决定向殖民地转嫁军费负担。1765 年，英国议会通过了针对美洲的《印花税法案》，法案要求殖民地要多缴纳 40 多种税。美洲人本来作为英国人挺自豪的，结果这一下就很伤自尊了，原来自己竟然是英国的二等公民，他们开会讨论向我们征税的时候，竟然根本不和我们通气，不让我们参加，没有话语权，而我们还必须得执行。因此，美洲人愤怒的情绪一下子就被点燃了，因此，殖民地就发出了"无代表不纳税"的口号，并进行了各种形式的斗争，英国政府暂时退让了，第二年同意撤销《印花税法案》。

有意思的是，英国首相老威廉·皮特坚决反对向北美殖民地征税，他于1766年在下议院发表了一个著名的演讲《论无权向北美征税》，开篇第一句话就直截了当地说：我认为这个王国无权向殖民地征税。

他认为，征税不属于管辖权和立法权的范围，纳税只是下院的自愿赠予。既然是赠予，那么议员自然只能向国家赠予议员个人的财产，不能赠予别人的财产。北美并没有代表在下议院当议员，因此，如果向北美殖民地征税，等于是这些议员在向国王进贡北美平民的财产，慷他人之慨，而这是"荒谬绝伦"的。

他认为部分人认为的下院实质上已代表北美的想法，"是迄今为止进入人脑之中的最可鄙的想法"。在演讲中，他表达了对北美人民抗税行为的声援，认为"印花税法"是臭名昭著、极不公平的。在演讲的最后，老威廉·皮特明确地陈述了自己的意见：

印花税必须绝对地、完全地、立即地废除。废除的理由已经明确指出，即：这个法案是以错误的原则为基础的。同时，让我们以最坚定的语句再次肯定王国对殖民地的至高无上的权威，并从一切立法的观点确认这点。我们可以约束他们的贸易，限制他们的企业，行使我们的一切权力，但却无权未经他们的同意就掏他们的腰包。

老威廉·皮特的一番激情演讲让他获得了殖民地人民的充分好感，粉丝暴增，但是废除了印花税，军费还是没有着落啊！

因此到了第三年，即1767年，内阁又通过了一个新的税收法案——《唐森德法案》，这个法案规定美洲从英国进口的产品都要征收高额进口税。

中国读者看到这个信息的第一反应可能是：是不是《唐森德法案》规定的进口税税率太高了，美洲人（这个时候还不能叫美国人）又不满意了？

有这个原因。进口税的设置会导致美洲人消费的物品价格升高，生活成本增加，而且税吏还有权进入私宅和经营场所搜查走私物品，这当然会惹怒殖民地的人民。

但更重要的是，所谓"进口税"这个词，事实上已经表明了英国人并没有把美洲人看成英国人，咱们是两个国家的人，你是你，我是我。而且，通过缴纳进口税，事实上美洲人还是没能实现"无代表不纳税"，没代表也要通过购买商品来向英国交税。这导致了对殖民地人民心理上、情感上和经济上的多重打击。结果这个法案激起了美洲殖民地人民更加激烈的反抗，双方关系越来越紧张。

等到了1770年3月5日这一天，终于爆发了我们所熟知的"波士顿惨案"，驻扎在波士顿的英军以保护税官为名，打死了5名民众。随后激发了全美洲范围的武力反抗行为，《唐森德法案》也很快被废除了。但是，双方达成了一个妥协，保留了茶税，这就为后来更为出名的"波士顿倾茶事件"埋下了伏笔。

于是，在1773年12月16日，塞缪尔·亚当斯带领60人潜入商船，把价值1.5万英镑的342箱茶叶倒入大海，史称"波士顿倾茶事件"。英国开始以此为借口进行全面镇压，双方走向决裂。英国认为如果你作为殖民地不同意我征一点点税，那就是不想承认我宗主国的地位，简单来说，你们就是自己不想成为英国人，是想独立了。而殖民地这边呢，正如一首歌唱的那样："其实不想走，其实我想留，留下来陪你度过每个春夏秋冬……"，殖民地并不想脱离英国，反抗税收也不是反抗英国宗主国地位，更不是不想向英王效忠，主要就是纠缠于"无代表不纳税"，而争取"代表"这个事情本身恰恰说明殖民地是非常想留在英国，而不是"脱英"。

虽然在1774年9月5日—10月26日，殖民地召开了第一届大陆会议，开始有组织、有领导地对抗英国，但是上层人物实际上还没有打算完全抛开英国而独立，把斗争的矛头指向了英国内阁，因为所有的税收法案都是由内阁制定的。同时，大陆会议通过向英王递交请愿书，宣称北美完全忠于王室，依附大不列颠。这颇有点类似于中国历史上屡次出现的"反奸臣不反皇帝"的现象，一边反抗一边等着招安。请愿书上甚至写道：有人告诉你们，说我们是叛乱的、不满政府和希望独立的，请相信，那些都不是事实……。大陆会议宣称战争的目的并不是革命，不是追求"民族独立和人民解放"，而是"清君侧，诛晁错"，战争主要是针对内阁，而不是针对国王。

但是，正如《独立宣言》中所写的那样，"可我们接二连三的请愿得到的答复是接二连三的伤害"。在这样的背景下，随着战端一开，就不再以某些上层人士的意志为转移了。思想界杰出人物的鼓动（比如潘恩的《常识》，对君

主制发动了全面的攻击），军事斗争的发展，逐渐让殖民地很多人改变了认识。一场因税收而引发的内战最终转变成了国家之间的战争。1776年7月4日，杰斐逊起草的《独立宣言》宣布美利坚合众国从此脱离英国独立。这一天，也成为美国的"国庆日（独立日）"。《独立宣言》中有一句话很形象地体现了当时殖民地对英国那种十分依恋而又不得不分离的心情："面对正义和亲缘的呼声，他们照样装聋作哑。万般无奈，我们必须宣布这个非常必要的分离决定，我们对待他们就像对待其他民族一样：与我交战是敌人，与我和睦是朋友。"

费了很多笔墨来回忆这段历史，实际上是想重申美国建国初期这段历史给美国人留下的历史警惕：即使税收非常必要，也要尽力避免税收可能导致的国家分裂，税收制度的设计除了要获得必需的财政收入之外，还必须能够维护国家的团结、社会的凝聚。但是，美国是经历了内战这个惨痛的教训才更加明白了这一点。

美国《独立宣言》是美国独立革命的胜利果实，对美国的历史影响深远。在一个蓄奴制的国家宣称"所有的人都是平等的"，对于革命斗争固然能起到重要的动员作用，但也等于为自己挖了一个大坑。美国革命的理想是让美洲"合众为一"，现在"合众"了，但是"为一"的道路还很曲折。

（二）美国内战（南北战争）——关税引发的分裂

关于南北战争的原因，从当时到今日，都存在两种不同的声音：一是认为道德原因，即林肯发动战争是为了消灭罪恶的奴隶制；二是经济原因，即因为贸易（主要体现就是南北对待关税的不同）。目前越来越多的人认为南北战争的原因及主要推动力量是关税问题，即政府为了保护北方工业而开征的高关税损害了南方的利益。

> 不幸的是，税收帮助了北方，伤害了南方，持续带来的怨恨导致了内战的爆发。
>
> ——安德鲁·杰克逊总统，1830年

在内战之前，南方主要作物是棉花。依托于奴隶种植园制，自19世纪以来，南方经济一派欣欣向荣，尤其是棉花的产量，每10年就可以翻一翻。而且南方所产的棉花物美价廉，出口全世界，当时世界上约有80%的棉花都来自美国的蓄奴州。美国南方可以说是躺在棉被上的国家，但南方也是一种比较单一的出口导向型的经济。

马克思曾经说过：没有奴隶制，就没有棉花；没有棉花，就没有现代工业。

同时期美国北方的工业资本主义也开始发展。相对于南方的农作物来说，北方的工业品优势并不明显，尤其与英国这样的老牌资本主义国家相比还处于很大的劣势之中。因此，为了保护美国初期的工业，并打击大不列颠的"世界工厂"地位，政府打算搞贸易壁垒，对从英国、瑞典等国家进口的商品征收高关税，这实际上就是发动贸易战。

由此可知，通过提高关税来打贸易战，绝非特朗普的专利，美国对此经验丰富，历史悠久。

美国从汉密尔顿（1789—1795任美国首任财政部长）时期就已经在采取贸易壁垒保护国内产业了。但这损害了南方的利益，引起了南方的不满。比如对英国进口的羊毛征税，而黑奴穿的服装通常用这种衣料制成，耐用便宜，新法案对羊毛所征的税率超过平均水平，刺到了南方人的痛点。因此，南方主张自由贸易。

南北方看起来互补的经济体系之所以走向对立，其实同美国没有强大的中央政府也有关系。南方种植园主依赖大量奴隶生产棉花所带来的利润只是变成了种植园主的私人消费，让种植园主成为新兴的贵族，庄园堪比宫殿。但是这些利润无法通过强有力的政治机制转化成北方工业发展所需的资本，当时也没有统一的市场体系和金融体系让这些利润转化成美国全国现代化所需的融资。南方这种经济体系滋养出来的所谓南方绅士、淑女形象，以及好客的传统，与北方那种长期与钢铁、煤炭、机器打交道所形成的逐利、"粗俗"的资本家形象也显得格格不入，导致了南北双方迥异的社会认知基础。1936年问世的文学名著《飘》依然在表达对南方早已消失了的种植园世界的深切怀念。这些与黑人奴隶都没什么关系，他们不过是财产的一种特殊形式。

导致美国南北战争爆发的高关税的确立过程却有些戏剧性。

1816年，联邦政府颁布《关税法案》，对大麻布、帆布及铜铁等金属制品成品征收20%的关税，对棉花和羊毛制品征收25%的关税。

1824年，《关税法案》将进口关税在1816年的基础上提高到了30%，并新增了70种产品目录。

到了1828年，所谓的"可恶关税法"更是将羊毛制品的关税率提高到了40%。那么这个"可恶关税法"怎么来的呢？

在1828年的总统大选中，那个认为只有当总统才能实现自己的抱负，成立了民主党并自任主席的猛人，被称为19世纪特朗普的安德鲁·杰克逊参选了，他跟不少南方奴隶主有交谊，被认为会代表南方奴隶主的利益，他最大的竞争对手约翰·昆西·亚当斯，代表的是东北部资产阶级的利益。

但是他的竞选团队为他制订了一个有点类似"以毒攻毒"的战术：既然东北需要产业保护，就故意抛出一个高得离谱的税率，逼迫竞争对手表态。假使对方不同意，那么就会失去选民的支持，如果同意，那杰克逊也不亏，他就能获得更多的选票。意外的是，"可恶"的高税率方案竟然通过了！也许北方议员认为只要方案能体现自己的利益，谁当总统又有什么关系呢？结果，安德鲁·杰克逊成为美国历史上第7任总统。

这个时候南方就认为自己吃了大亏。有议员认为，因为关税，东北部制造商把手伸进了南方的粮仓，从每生产的100包粮食中抢走了40包，对进口纺织品征收40%的关税相当于让生活水平下降40%，这被称为"四十包理论"。南方不仅要遭受棉花出口限制，还要出高价购买北方的质量很差的工业产品，要么就只能购买附加高关税的欧洲进口产品。

当上总统的安德鲁·杰克逊并没有明显支持南方的主张，他那著名的驴脾气（民主党和共和党之争通常被称之为"驴象之争"，而民主党的形象物之所以是驴，同杰克逊的倔驴脾气相关）也让他绝无可能屈服于南方各州的压力。因此，安德鲁·杰克逊在任期间，美国就险些爆发了南北战争，但是亨利·克莱和约翰·卡尔霍恩两位关键人物的调和使局面得到了控制。1832年之后，美国国会也取消了一大批进口货物的关税，并且在1845年、1855年和1860年三次下调关税，但南方离心离德的倾向越来越明显。

1860年，我们所熟悉的美国历史上所谓的最伟大的总统之一林肯要登场了。大家不熟悉的是，他也是靠高关税主张当选总统的。"没有高关税的竞选纲领，就不会有林肯政府"——林肯的经济顾问亨利凯里（Henry C. Carey）如是说。林肯在写给他人的私人信件中也曾明确说过：关税议题我比谁都讲得多，支持高关税，我没有变过。

1860年5月，名叫贾斯廷·莫里尔的国会议员提出了新关税法案，将税率翻了个儿，个别货物的税率达到100%。如果在参议院通过，并得到总统批准，那么将是美国历史上最高的关税。本来关税已经降低了，现在又突然提高，南方的怒火肯定控制不住了。

1860年11月，林肯以微弱的优势获胜。鉴于林肯一向对高关税的支持，南方各州更加觉得无法阻止该法案通过。一个月后，南卡罗来纳州率先发难，正式宣布退出联邦，随后，其他6个蓄奴州跟进，组成了南部同盟国（Confederate States of America）。

1861年3月，在林肯就任总统的前两天，新税法案在参议院通过。

实际上，林肯虽然是通过战争避免了美国一分为二，但是他的高关税主张也是导致美国南北走向分裂的一个主要缘由。他只不过收拾了自己惹下的烂摊子，他是不是一个伟大的总统就看大家怎么评价了。

南北战争的导火索——攻占萨姆特堡（Fort Sumter）（关税局）。

南卡罗来纳州宣布独立后，要求收回萨姆特堡关税局。但这座堡垒是联邦出资兴建的，被联邦政府拒绝。1861年4月12日，南部同盟大举进攻，攻占并捣毁了这家关税局。争夺要塞的战斗看起来热火朝天，动用了几十门大炮轰了30多个小时，但实际上一个人也没有打死。

林肯第二天获悉情况之后，决定利用这次机会正式向南部动手。萨姆特堡的陷落变成了美国版的巴士底狱事件，南北战争由此正式开始，和谈的希望彻底破灭。

其实南北双方也没有多少谈判的余地，南部同盟国把禁止高额关税写进了新宪法，林肯对自己的关税主张也丝毫没有让步的考虑，双方其实都需要找一个借口开战。

美国的南北战争可以说是美国阶级矛盾不可调和的产物，南北双方的利益和观念已经无法在当时的政治制度和对话机制下解决，因此只能通过武力来解决了。换句话说，当时美国南北双方都从自己的角度来考虑经济利益，他们心中没有所谓的"美国长远利益和根本利益"，也没有什么"美国的整体利益"观念,因此只能靠拳头来解决争执不下的问题。武力保持了美国的统一,但是没有消除和抚平双方心理的隔阂。

南北双方因为关税而战,战争一开始,双方发现财政都缺钱。北方军队依靠税收获得的全部收入仅能填补其总开销的15%,南方税收总收入只能填补11%的财政需求。南北双方都借助税收、债券(借钱)、货币发行(印钞票)三种主要的手段来筹集收入(见表17-1)。最终,南方在获取收入方面稍逊,惨遭失败。

表17-1 战争期间南北双方筹集收入的方式及结果

(单位:亿美元)

筹集收入方式	北方	南方
税收	3.6	2.07
债券	30	1.15
货币发行	4.5	20
总计	38.1	23.22

资料来源:邓峰. 筹措战争经费的成功运作——美国内战时期联邦政府财税政策研究[J]. 北方论丛, 2007 (1): 101-104.

从表17-1总计上看,北方获得的财政收入显著超过了南方。更重要的是,南方获取的收入主要靠货币发行,也就是印钞票,因此导致了战争期间南方的物价上涨了大约9000%[①],而北方同时期才上涨了60%,战争对南北双方民众生活的影响不可同日而语。北方的这种筹钱机制也不能说就很好,超发货币的成本主要由当代人承担,借钱的成本却主要由后代人承担。北方这种借钱过日子的习惯延续到今日依然盛行,已经成为美国财政主要特色。2020年,美国国债已经突破26万亿美元,而2019年美国的GDP才21.43万亿美元。2021年上半年,美国债务已经超过了28.5亿美元,两党关于这个问题又开始互撕了。

最重要的是,为了支持战争,南北方都开征了所得税及其他直接税,美

---

① [美]罗伯特·霍马茨. 自由的代价[M]. 张关林,译. 上海:上海人民出版社, 2010. 尼尔·弗格森在其《货币战争》一书中提供的这一数字为40倍,差距较大,但相对于北方的通货膨胀率,依然高出很多。

国直接税从一开始就具有了"红色基因",它象征着美国有钱人为了国家的命运和未来而愿意奉献自己财产的爱国精神和牺牲精神。据说当年有一个富翁叫斯图尔特,向国库缴纳了40万美元的税,一时间,整个美国都为他感到骄傲。

美国由此从依赖关税这种间接税开始转向主要依赖所得税这种直接税,美国历史掀开了新的一页。

(三) 从间接税到直接税——美国崛起的财政基础

内战是美国南北分裂的表现,但是美国西北大学社会学系有一个叫 Diana Rodriguez-Franco 的教授在《美国社会评论》上发表了一篇《内战、税收和国家建设》的文章,认为内战提升了政府的征税能力,增强了各阶层尤其是精英阶层对国家的认同。这话是有道理的。

接下来将阐述美国是如何通过征收所得税等直接税实现了国家税制转型,同时通过征收所得税如何同时实现了社会团结、自由市场和强大国家等理想目标。

在内战之前,美国财政收入主要依赖于关税和消费税,只不过不同时期征税的商品不同。那个时代,很多人也不清楚到底谁承担了税收负担。但是美国内战等于打开了一个潘多拉盒子,大家开始思考和讨论美国政府所依赖的这些关税和消费税到底由谁来负担了。

到了19世纪末,不管美国经济学家是怎么想的,反正大部分美国人相信关税被阴险地施加在了民众身上。进口关税被认为包含在了进口商品的最终销售价格之中,关税导致了很多人生活必需品价格的上升,因此带来了生活成本的上升。

生活成本的上升对穷人的影响肯定大于对富人的影响。同时,州和地方的财产税制度让很多人更加觉得美国税收制度是"亲富人,远穷人"。普通财产税是19世纪美国州和地方政府的主要税种。但由于美国政体的腐败,财产税的征收高度政治化。简单来说,就是富人可以采取各种方法隐瞒自己的收入和财产,税收官员对财产税的评估完全随意,结果就是农民耕地用的农具和机器免不了缴税,而富人的金钱、证券及其他投资品却通常不用缴税。这

就彻底破坏了美国人对社会公平、法治与社会团结的信仰。

更甚的是，普通美国人的闲暇活动也要缴税。比如农民劳累之后想抽根烟喝点酒放松放松，但烟酒都需要缴税。那不喝酒了，打牌行不行？对不起，打牌也要缴税。

富人被认为普遍逃税的现实，使得美国普通人形成了这样一种认知：富有的美国人正逐渐脱离表面上他们所属的更广泛的政治和社会共同体。他们成为"有闲阶级"，重视个人抱负和消费，忽略了公共责任和义务，美国人民认为美国富人"为富不仁"。

因此，美国要发动一场税收革命，这场税收革命直接体现的是国家的税收体系从以间接税为主转向以直接税为主，直接目的是改造让美国老百姓承担了大部分税负、而让富人承担了微不足道税负的税收结构，在阶级之间和地区之间重新分配税收负担。此次财政转型对美国影响深远，奠定了美国大国崛起的财政基础，但留下了一些未能彻底解决的问题，这些问题时至今日依然在极大程度地影响着美国社会。

美国联邦所得税的最早实践是在1862年内战期间，为了筹措军费，制定了《所得税法》，但是到1872年被废止。

随着政府财政的紧张，1894年所得税又恢复，但一直面临合宪性的困境，以及税收伦理的争论。美国宪法规定，国会对直接税的征收应该按照各州人口进行，但1894年所得税法案被有些人认为没有按照各州人口比例征收所得税，因此是违宪的。

在税收伦理方面，反对者认为："累进所得税意味着穷人反对富人的战争，构成'没收'，代表着多数人通过法律的暴政。"

在电影《蜘蛛侠》中，叔叔给小彼特说过一句流传甚广的经典台词"能力越大，责任越大"。这句话后来成为蜘蛛侠恪守的强大信念。19世纪末20世纪初，美国的知识分子就是用这样的理念来批判反对所得税者的观点。这种理念就是：谁有更强大的经济力量谁就负有对公共利益（public good）助益的更大社会责任——这种助益不仅仅是比例式的，更应该是累进式的。就是说，公民欠社会一种要用他们"能力来支付（ability to pay）"的债务。

按"能力付税"的思想开始在美国蔓延开来。有影响力的思想家和政治领导人把关键词"能力付税"用作认知导图和思维框架，来阐明不断扩展的现代社会当中存在的相互依存的社会义务和社会责任。

为什么这样的理念能得到当时美国民众及当权者的支持呢？主要有三个方面的原因：

第一，对社会本质有了新的认识。在资本主义初期，很多人认为财富的积累主要是个人努力的结果，如果某个人贫穷，那一定是他自己懒惰所致。但到了19世纪末20世纪初，越来越多的人认识到，社会是一个相互依赖的整体，是各种现代力量塑造了这个相互依赖的社会，这样的社会需要更大的协作以及更强有力的政府。个人财富的收入被视为整个社会协作的结果，而非纯粹个人努力所致。因此，税收不再被视为是个体为了获得政府提供的公共产品和服务而支付的价格或者成本，个体更不应该认为个人对国家承担的经济义务仅以个人从政体中即得利益为限。财富的创造应该被视为美国这个"伟大的共同体"共同作用的结果，相应地，那些富人和公司应该为这个"伟大的共同体"正常运转的财政需求承担他们应该承担的责任，贡献他们的力量。

第二，对政府作用有了新的期待。在资本主义早期，受社会契约论等政治理论的影响，政府的理想作用局限在守夜人角色，政府的主要作用是保护私人财产。但到了19世纪末20世纪初，随着私人财富的巨大积累和工业公司的野蛮生长，工业资本的力量已经取代了政府成为民众越来越担忧的怪兽，越来越多的民众感觉到自由和民主在遭受着巨大的威胁，呼吁加强政府力量来限制和约束大公司以及财富大亨的力量已经成为普遍的民众心理，积极政府的角色开始取代消极政府。这些积极角色包括财政负担的再分配者、公民认同的重构者以及行政权威职能的提升者。政府需要运用更强大的权力来解决各种新的问题，创造经济发展的基础，为共同体提供援助和支持。对于当时的改革派来说，国家是一种道德机构（Ethical Agency），其积极的援助是人类进步必不可少的条件。

第三，对公民权有了新的理解。19世纪末20世纪初，是美国社会的贫富悬殊阶段，如果民众按照过去的亚当·斯密的"受益理论"支付税收（主要是比例税），无法有效地缩小社会贫富差距。而且，政府如果不能通过累进的直接税获取大量税收，国家就无法提供大量公共物品和服务，无法维持经济的持续繁荣与发展，美国"合众为一"这个想象的"伟大共同体"就面临着

解体的危险。富人事实上就成了抛弃国家和同胞的一类特别人。因此，采用累进的直接税制，让那些东北部的富人和公司共同承担起资助现代工业化国家的财政需求，等于对美国的公共财政进行一次根本性重构，美国公民将会重新想象他们的公民责任和民主义务。新的税收形式激发了平等主义原则，这将引发对财政公民权进行重新思考。作为这种再造社会契约的一部分，富有的美国公民将承担起他们的社会责任，贡献他们自己的经济力量来满足快速增长的公共物品和服务的需要。

表17－2　美国联邦政府的收入来源变化（1880—1930年）

（单位：%）

年度 税种	1880	1890	1900	1910	1917	1920	1930
关税	56	57	41	49	21	5	14
烟酒消费税	34	35	43	39	35	7	11
所得税	-	-	-	-	33	66	59
其他*	10	8	16	12	11	22	16
总计	100	100	100	100	100	100	100

资料来源：Ajay K. Mehrotra. Making the modern American fiscal state：Law, politics, and the rise or progressive taxation, 1877—1929 [M]. Cambridge University Press, New York, 2013（序言）：7.

经过19世纪末20世纪初这段财政大转型时期，美国的税收结构、政治结构、社会结构以及公众公共意识形态都发生了重大变化，奠定了美国大国兴起的基础。表17－2为1880—1930年美国联邦政府的收入来源变化。

美国对所得税征收的历史启发是：邪恶的资本力量必须得到控制，所得税主要不是为了追求所谓的公平，而是为了社会的团结，一方面所得税遏制了富人对政府的过度影响；另一方面也加强了政府的力量，国家强大是必须的。

这段历史（通常被称为美国的"进步时代"）对于美国的历史意义是：这是美国历史上唯一一段推动积极政府发展的时期，政府力量主要获得的时期或者说行政国主要形成的时期，到罗斯福新政达到一个顶点。此前阶段，可以说是一个软弱的联邦政府，此后阶段，政治文化发生了重大的改变，反政府与限制政府、减税思想成为主流。

  两党制在美国形成之后，共和党逐渐演变成为少数富人站队的政党，不断推出对大企业减税及其他有利的经济政策。20世纪80年代之后，美国政坛开始形成财阀统治。贫富差距不断扩大，"民有、民治、民享"的政府逐渐变成了"富人组成的政府、富人控制的政府、为了富人的政府"[1]，因此整个国家呈现出一种集体右倾的现象，特朗普又加重了这种现象。可以说，美国的财阀统治是美国19世纪末20世纪初财政转型未能彻底完成的结果，但同时也反过来证明了美国这段历史的重要意义。

---

[1] [美]雅各布·哈克，保罗·皮尔森. 推特治国[M]. 法意，译. 北京：当代世界出版社，2020.

十八、单一税（Flat Tax）与累进税的再较量

当下正在流行一种政治运动，尽管它自认为不是一种政治运动，但它正在为建立单一税管理体制进行辩护。

单一税这个看似单纯的想法实际上是一个隐藏在公共政策系统中的特洛伊木马，它将不可避免地侵蚀政府课税的权力。

——[英]斯坦·林根. 民主是做什么用的[M]. 孙建中，译. 北京：新华出版社，2012.

单一税（线性税率），就是对所有的纳税人适用同一种税率的税种，不管纳税人的收入高低。简单来说，就是采用"一刀切"的税率。

"纳税应该是一件犹如向自己心爱的女人送花一样容易的事情。"德国诗人、哲学家诺瓦利斯曾经如是说。单一税率制被很多人视为此话的生动体现。

但很不幸的是，"税法（现行的）已经变得除了税务专家外，其他人几乎都不理解。"美国参议院财经委员会主席莫尼汉（Daniel Patrick Moynihan）1994年曾如此说。

虽然累进税率长期以来已经为世界各国所接受，但是从2000年之后，很多国家开始大力主张用单一税率取代累进税率，有些国家开始付诸实践。比如从2004年开始，中东欧十国相继采用了单一税率。乌克兰对其居民采用了13%的税率，格鲁吉亚采取了12%的税率，立陶宛采取了33%的税率。虽然同为单一税，但是在不同国家其意味着不同的东西。有些国家是对所得征税，有些是对消费征税；有的是对个人征税，有的是对企业征税。不管怎么说，在21世纪刚刚开始的时候，单一税忽然就受到了很多国家的欢迎，甚至西方很多媒体把此现象称为一场席卷全球的"税收革命"。那么单一税为什么会突然成了香饽饽呢？

其实，单一税并非一个新生事物，它几乎与税收本身一样古老。比如过

去的什一税，就是典型的单一税。封建社会广泛存在的人头税，现代的关税等也是单一税。

单一税之所以在现代又重新被赋予了某些新的意义，主要的原因是现在经济活动越来越复杂，人的收入形式也变得多样化，长期的税收理论发展使得绝大部分国家都对这些不同的经济活动和不同的收入来源采取了不同的税收办法，以显示某种税收公平理念。单一税制等于从理念上重新抹平了这些差异，复活了古典税收的公平理念。

当然，现代税收制度里面的公司所得税和社会保障税事实上已经是单一税率，因此，所谓的单一税革命主要对个人所得税和消费税影响较大。

支持者会给出一些理由。比如，单一税率简单好理解，容易吸引富人居住和生活，因为所有的人都适用同一种税率感觉上比较公平。更重要的是，这种税率不受政治不良的影响，只要立法机构一旦确定了税率，政治家或者政客们就无法依据自己的好恶给予某些个人或者公司不同的税率。

即使在发达国家，由于现有税制的极端复杂性，大批的律师和会计师都在为大企业和最富裕的人服务，帮助他们尽可能地避税甚至逃税，导致富人实际的税负比中低阶层更轻，社会不平等程度加深和不公平感加剧。而单一比例税制很大程度上让大公司和有钱人在避税方面失去了可操作的空间，从而让税负在事实上更加公平。

（一）爱沙尼亚：典型的单一税率国家

在1994年，刚刚脱离苏联独立3年之后，爱沙尼亚就开始采取了26%的单一税率制度，成为世界上最早摆脱累进税制的国家。26%的税率后来降到21%再降到18%（2011年）。从2001年到2007年，爱沙尼亚的GDP年均增长率达到了9%。2003年爱沙尼亚的失业率超过了12%，但仅仅5年之后，失业率就降到了4.5%。由于惊人的发展成就，爱沙尼亚获得了"波罗的海之虎"的称号，成了高收入国家。2004年加入了欧盟，2011年加入欧元区。而且，爱沙尼亚并不是一个低端产业的国家，而是一个令人惊讶的高科技国家。

爱沙尼亚成功的经验很快就引起了两个邻国立陶宛和拉脱维亚的兴趣，甚至包括俄罗斯，都以爱沙尼亚为榜样，采取了单一税率。之后的名单就包括了塞尔维亚、乌克兰、斯洛伐克、格鲁吉亚、罗马尼亚、吉尔吉斯斯坦、马其顿、毛里求斯、蒙古国、科威特、墨西哥等国家。还有很多国家也准备加入这个名单。包括美国、英国和德国都有一些政治家拥护单一税率，主张在自己的国家引入单一税率。国内也有部分学者认为个人所得税的改革应该采用单一税率来替代当前的累进税率，主张"以俄为师"。既便如此，也不乏一些反对的声音，其反对的理由主要有如下几点：

第一，单一税率虽然与经济增长有极强的相关性，但不一定是经济发展的主要原因，也可能是这些国家引入了外来资本所致。一些学者认为单一税率主要开始于原苏联的加盟共和国，这些国家之所以采取单一税率：一是政治家为了向民众证明自己对市场经济改革的举措和决心，是应对全球化竞争压力的一次主动出击行为；二是由于单一税率象征着税率的确定性（能够避免官僚对市场的随意性征税）以及低税率，这是一种看起来对资本"非常友好"的税率，因此从政治上容易获得西方的好感，同时也会受到西方资本势力的切实支持，因此促进了经济的发展。

第二，单一比例税可能没有想象的那么公平，尤其是对中产阶级的影响可能更大。这些国家之所以采取单一税制其实是不得已而为之。因为这些后共产主义国家的税收管理能力和民众的纳税自愿服从意识都比较低。民众对政府的信任度普遍较低，因此无法采取更复杂的税收制度，为了快速获取政府需要的财政税收和进口启动市场经济，不得不采取相对简单的单一税制。从某些方面来说，单一税有其公平性，因为过去的那些权贵力量也必须缴纳同等的税收，但是相对于累进税制来说，很明显这种税制对富人更有利。

第三，可能会导致一种扑向底层的税收竞争。大家为了相互的竞争需要，可能竞相降低自己的税率，这样就会导致财政不稳定，从而影响经济秩序与社会秩序的稳定。

从具体情况看，在2008年经济危机的时候，采取单一税率的国家遭受的损失比较大。比如采取单一税率较早的国家拉脱维亚，2008年之后，经济下降了10.5%，债务占GDP的比重达到了116%，失业率达到了9%。立陶宛和爱沙尼亚也出现了类似的情况。

（二）俄罗斯：对单一税率践行的典范

俄罗斯自 1991 年 12 月开始征收个人所得税，实行 7 级累进税率，最低税率为 12%，最高税率为 60%。但是这种累进税率在俄罗斯低效的税收征管体系下，逃税现象非常严重，税收任务年年都无法完成。1993 年、1997 年、2000 年对个税进行了简化改革，最终把累进税率减少到 3 级。但征税成本高、漏洞多、套税多、税制不稳定等弊端基本没有多大改观，严重影响了俄罗斯经济的发展，并导致了社会的严重不公，每年的税收损失高达 800 亿卢布。

自 2001 年起，俄罗斯取消了原有的 12%、20% 和 30% 三档累进税率，对居民纳税人获得的绝大部分收入（如工资、薪金等）实行 13% 的单一税率（特定收入和非居民纳税人的税率为 30% 和 35%），此税率截至 2020 年依然没有发生新的变化。俄罗斯的个税优惠部分也充分体现了其"战斗民族"的特色，其税法的标准扣除额共分 4 档：第一档为纳税期内在月收入中扣除 3000 卢布，主要对象是切尔诺贝利核污染及其他核辐射受害者、卫国战争中的残疾者等群体；第二档为纳税期内在月收入中扣除 500 卢布，主要针对苏联英雄、俄罗斯英雄、三级荣誉勋章获得者、国内战争和卫国战争的参加者、自幼残疾和一二度残疾人；第三档的普通纳税人扣除额标准只有 400 卢布。

为了体现对国家做出巨大贡献之杰出人士的尊崇，中国也应该对国家勋章和国家荣誉称号获得者进行税收减免。

普京曾把俄罗斯个人所得税单一税率的改革称为俄罗斯整体税制改革中"精心研究、深思熟虑的范例"，并指出之所以决定选择单一税率就是为了"切实刺激工作积极性、充实国库、简化税制"。

那么实际情况如何呢？

2001 年，俄罗斯个人所得税征收了 2547 亿卢布，比 2000 年增加了 802 亿卢布，增幅达到 46%。扣除当年的通货膨胀因素，实际增长 28%。之后连续三年保持快速增长态势，自 2004 年起个人所得税收入增速有所放缓，但仍属高速增长。

俄罗斯单一税率改革虽然一度被国际社会视为个税改革的"成功样板"，但是其在俄国和中国内部都引起了热烈的争论。

2005年年底,俄罗斯国内围绕个人所得税改革展开了激烈的争论。争论的一方希望打破13%的统一税率,重新采取累进税率。包括前任总理普里马科夫在内的前政要都认为有必要重新采取累进税率,对低保居民阶层按13%的税率,而对富人则按20%的税率。俄罗斯联邦统计署也建议从单一税率调整回累进税率。争论的另一方,比如当时俄罗斯的财政部坚持认为13%的个人所得税率不能更改。如果实行累进税率,只能助长"影子经济"更加猖獗,而目前实行的单一税率使居民的收入逐渐合法化。在这次博弈中,支持单一税率方获胜。

5年之后,即2010年,俄罗斯又对个人所得税展开了一次激烈争论。这次俄罗斯国家杜马即俄罗斯的立法机构也参与进来,甚至开始讨论恢复累进税率的具体办法。比如有提案建议对富人的个人所得税的税率从现行的13%提高到20%-45%不等。

主张恢复累进税率的重量级人物包括俄联邦委员会主席米罗诺夫、俄联邦统计总署署长斯捷帕申、俄联邦税务总局前局长马克烈佐夫等人。他们之所以主张恢复个人所得税的累进税率,还是看重累进税率最重要的功能——调节收入分配,缩小贫富差距。而在单一税率下,所有人按13%的统一税率缴税,被认为违背了税收的公平公正原则,有悖税收经典理论中所主张的税收的征收与纳税人的实际负担能力相符的原则。这个理由似乎没有什么新意,但是这种"政治正确"并且充满道德关怀的话语在贫富差距巨大的社会中永远具有杀伤力。

反对回到累进税率时代的代表人物是俄罗斯副总理兼财政部长库德林,财政部长一般都是实用主义者,首先考虑的是财政收入的稳定性。因此他坚决地说,单一税率制至少在未来3年内肯定不会改变。库德林从两个方面来说明论证自己的观点:一是不能实行累进税率的重要原因是俄国内的税收征管体系还很脆弱,工作效率还不高,这将严重阻碍累进税率的实施(这似乎也没啥新意)。二是调节公民收入不需要光靠个人所得税,借助房产税等其他税种也可实现。

争论是争论,关键还得看老大的态度。普京总统前面刚夸赞过个税的改革,现在断然不方便直接对此进行否定。而且,越是最高领导,越更加关注制度的稳定性和收入的可持续。因此,在多方争执不下的时候,普京于2010

年6月初对此事"一锤定音"。

他说,"我没有看到目前调整个人所得税征收办法的必要。"

但他也没有把话说死,"当然,没有一百年不变的东西。我们需要稳定的法律、稳定的行政机构。即使变也要循序渐进,但现在没有这个必要性。"

2010年这次关于是否继续坚持单一税率的争论被普京暂时压了下来,但俄罗斯还是有不少经济学家认为,把个人所得税重新调回到累进税率是迟早的事儿,这只是一个时间问题。

果然,到了2020年6月,普京总统宣布自2021年1月1日起取消个人所得税统一税率,将年收入超过500万卢布的俄罗斯公民的税率从13%提高到15%。虽然只是稍微地提高,但是也反映了累进税率的顽强生命力及其与纳税公平感的强力相关性。

(三)单一税:对税收简洁性的呼唤

单一税之所以受到很多国家的欢迎,主要是其"简化、公平、效率和鼓励投资"的基本思想迎合了多方的需要,有其内在的优越性,但其在公平性方面有所争议。而据中国财经学者马胜楠对8个单一税实施国的收入不平等效应的最新研究发现,单一税普遍加剧了实施国的收入不平等[①]。

在税收方面经常存在一个悖论:为了实现税负的公平性,税收制度变得越来越复杂,而越来越复杂的制度,导致实际上税负更加不公平。因此,税收方面的公平问题永远不会达成一致意见。用累进税制来实现社会公平这需要强大的税收征管能力做基础。而兼具强大税收征管能力又廉洁高效的体制在全世界也不多见。因此,无论是发达国家还是发展中国家,在个税方面采取单一税率制度有很大的合理性。在2017年,美国的特朗普在推出的税改方案中,在个税改革方面除了把个人所得税最高税率由39.6%下调到35%之外,另外一个重要内容就是把七级税阶简化为12%,25%和35%三个级别。虽然这不是单一税率,但可以看出世界对简化税制的偏好与需求。

[①] 马胜楠.单一税是否会加剧收入不平等?——基于合成控制法的经验证据[J].经济体制改革,2021(2):152-160.

如果从调整收入分配、缩小贫富差距的角度来看，的确不需要仅仅盯着个人所得税这一块，奢侈税、房产税、遗产税在调节收入方面的效果可能更显著。所以，虽然逐步增加直接税比重已经成为中国高层共识，但是直接税是一个体系，并非只有个人所得税需要特别关注。因此，中国的个人所得税是否需要采取单一税率制其实不关键，关键在于整个税收体系是否简洁、高效，能够形成一种制度合力。

十九、忙碌症、丹麦梦与高税收

（一）忙碌症

2017年，清华大学教授宁向东曾经发表过一篇文章，称整个社会陷入了一场忙碌症。在他看来，不仅底层的人陷入了焦虑的忙碌症，现在是整个社会都陷入了一场忙碌症，呈现一种病态。这种病态在个人身上的共同体现就是：在我们的观念深处，不能允许任何低效率行为的存在。否则就会产生内在焦虑，不由自主地想发飙。

关于社会忙碌现象的分析，宁教授当然不是第一人。他也并没有深刻分析忙碌症的社会根源。但每次看到这样的文章，总能让我们短暂地思考一下自己身上的这个不治之症。

忙碌症不是中国独有的现象。忙碌症，尤其是穷忙症，实际上是在欧美国家首先出现的。穷忙族（Working Poor）在20世纪90年代的美国就已经出现。

2018年，NHK（日本广播协会）拍了"日本穷忙三部曲"纪录片，穷忙一族在中国也开始流行起来。或者说，中国的穷忙一族的社会心理也开始凸显了。

穷忙族的共同心声是：拼尽了全力，依然看不到未来；看不到未来，我更要拼尽全力。

为什么人人都患上了忙碌症？其主要原因有三点：

第一，等级社会的（社会分层）重新形成，并且稍不留意阶层之间的差距还可能拉大。

第二，等级之间表面上可以流动，但是实际上流动之路几乎已经堵死。

第三，上层等级（层级）存在系统性剥削下层等级（层级）的行为，并

忙碌的广州市民（梁碧容 摄）

且随着阶层之间的差距拉大，这种剥削会愈发严重。

（二）等级社会与忙碌

现代社会，提倡的是"人人平等"的新理念，反对等级特权。就连印度这个延续了数千年种姓等级制度的国家，在 1947 年获得独立后，也已经以法律的形式废除了种姓制度。但是，与印度类似，在很多国家，等级社会只是名义上消失了，实际却以各种方式存在着。

大部分人都携带有成为人上人的竞争（自私）基因，就算不想成为人上人，也不想成为社会底层的那一部分人。所以，人类天然就具有社会阶级意识。只不过，不同历史阶段用来充实和奠基自身阶级的基础材料不同。

大致来说，过去的社会等级往往建立在出身和政治权力之上，今天的新社会等级主要建立在经济能力与政治权力之上，未来的社会等级也许会建立在科技能力与经济能力之上。

虽然建立阶级的基础材料不同，但是这些材料所能够起到的社会区分作用是一样的，它一定要能够让"我"显得与"你"很不同，要显得"我"一定要优于"你"。

所以，只要今天某个社会出现一丝能够促成社会等级形成的裂缝，大家就会不遗余力地去占据这个社会等级中对自己最有利的地位。因此，裂缝一旦出现，大家就开始感染忙碌症了，与社会等级形成过程伴随的是炫耀心理和等级鄙视链的出现。

而这个新的社会等级建立之后，如果还存在阶级与阶层之间差距变大的可能，就算那些先行一步已经占据了等级社会中有利位置的人，也不敢有丝毫的停歇，否则就会有滑入下一个阶级的风险。所以，忙碌一旦开始就不会停下来。多数人很快就会发现，虽然自己在持续努力，却已经看不到未来。因为，站住目前位置已经是一件了不起的成就了。

（三）等级流动与忙碌

传统社会也存在等级，但是那个时候并没有群体忙碌症，因为传统社会等级是固化的，而且通过血统、宗教、礼仪、教化等牢牢地把每个等级的人固定在自己的等级上。所以，那个时候底层的人很少会群体性地想成为、转化为上层等级的人。

反过来，如果一个社会等级之间的流动性很容易，等级之间没有固化，人也不会焦虑忙碌。因为机会永远存在，就看你什么时候想改变自己。

最为焦虑的时代就是，人人都感觉到等级之间已经开始固化，但似乎感觉还有那么一些微小的机会，而且主流社会的声音又在告诉你这个社会不存在特权阶级，谁都可以晋升为社会上最成功的那一类人。人人都感觉到拼搏就有希望，实际上只不过都在加重阶级道路上的拥挤度。但面对眼前似乎看得见的希望以及对自己有可能被固化在底层的恐惧，谁都不敢停下来。

（四）等级剥削与忙碌

本来，一个社会就算存在上述两种情况，但正常情况下总会有一些对生

活要求不高的人，这些人安贫乐道，过着也许贫穷但精神满足的生活。

但如果一个社会存在上层等级对下层等级系统性剥削的话，情况就不一样了。

今天我们讲剥削，并非指一方控制着另一方的身心，不断榨取剩余价值的情况。这里的剥削是指上层等级通过一系列合法并且隐秘的手段让下层等级所拥有的一切有价值的东西都不断贬值的行为，并最终隐秘地完成财富转移的过程。

很多人比较关注防止政府那只"掠夺之手"对自己财富和权益的侵害，而实际上，财富积累达到一定程度之后，拥有强大经济力量者对弱小者或者下层等级的掠夺更猛，而且还多数隐藏在合法的形式之下。

比如，存款不断地贬值，教育、医疗等生活必须的支出成本不断上升，亲密关系背叛的成本越来越低，同样的过错却要承担不同代价，同样价值物的获得却可以支付不同的成本等。

也就是说，如果你安于待在社会等级的最底层，等待你的可能是彻彻底底的失败感和耻辱感。事实上，这种失败感也是等级社会衍生出来的一种价值意识形态。处在等级上层就意味着拥有一系列的所谓成功。如果社会不再承认这些成功是所谓的成功，那么与之一体化的等级社会自然也就消解了。

（五）忙碌症与丹麦梦

谈到忙碌症的时候，大家内心都会幻想着找到一个可替代的社会。丹麦、挪威、瑞典、芬兰和冰岛这些北欧国家就似乎成了很多人心目中的"避忙天堂"。尤其是丹麦，多次被联合国评为"全世界最幸福的国家"。（不丹也被谣传为最幸福的国家，慢生活国家的代表，但不丹的幸福排名并不算靠前，而且其低下的经济水平估计也让很多浸身忙碌的人难以真的拥抱它。）

丹麦为世界贡献了一个良好的生活模式，丹麦人自己证明，其实生活不用那样焦头烂额。

丹麦，不仅是很多游客心中的理想国，它也是著名政治学家福山的理想国样本。

在游客的眼中,丹麦人可以自由地选择生活、自发地相互信任、可以安心地虚度时光,环保、节俭,拥有高级的审美,到处是让人感到舒服的建筑和最自然的风景等。

图19-2　丹麦号称北欧自行车王国(蚁佳纯 供图)

在《政治的秩序和政治的衰退》一书的第1章中,福山写道:当代发展中国家以及试图帮助它们的国际社会,都要面对如何"抵达丹麦"的问题。我的所指,与其说是实际的丹麦国家,不如说是想象中的社会:它富强、民主、安全、治理良好,只有较低水平的腐败。这个"丹麦"享有完全平衡的三个政治制度:称职的国家、强有力的法治和民主的负责制。

福山是在对美式民主失望之后又重新给自己找了一个新理想国样本。

嗯,丹麦已经是理想的化身了。

但是，就算这个童话世界是真实存在的，这个童话世界也是靠高税收来绘制成功的。

浪漫的生活成本通常都是很高的。

（六）靠高税收治愈忙碌症？

在地球上，北欧国家的（丹麦、挪威、瑞典等）生活节奏比较慢，虽然他们患上忙碌症的人也越来越多，但在从其他国家的人看来，他们依然生活得很悠闲，可以过上我们羡慕的慢节奏生活。

为什么他们可以？

冬季的漫长也许是一个很重要的原因。在漫长的寒冷季节，任何经济与社会活动都难以开展，生活节奏自然就会慢下来。

高福利保障自然也是一个重要的因素，这些国家的幸福指数长期都排在世界前列。

幸福指数高也同大家相互差别不大有关，北欧国家的基尼系数普遍都在0.3（较为公平）以下（基尼系数0.4是警戒线）[1]。

基尼系数低至少意味着以经济实力为等级的基础不存在了。

如何实现高福利与社会公平同时存在呢？要靠高税收。

北欧国家的税收占GDP的比重长期都排在世界前列，尤其是丹麦，常年雄踞世界首位。在COVID–19疫情的重大影响下，2019年丹麦税收收入占GDP的比重依然达到了46.3%，又一次超越法国成为税负最重的国家。

丹麦的税收主要依赖个人所得税和企业所得税，尤其是个人所得税，基本上每年占财政收入的比重都超过了55%，企业所得税占比20%多。也就是说，丹麦不仅总体税负高，而且主体税种又是非常有利于缩小贫富差距的直接税。

其结果就是丹麦的人均收入同每个人的实际收入非常接近，不存在我们经常调侃的"被平均"现象，农村和城市收入比较均衡，地区之间的差

---

[1] 也另有资料认为，如果从财产基尼系数来看，北欧国家的基尼系数也不低，比如丹麦的财产基尼系数2017年为0.84（瑞士信贷集团提供）。

别也很小。高级白领纳税后月收入很难超过保洁员和工厂工人月收入的1倍,大富翁更难出现。由于经济发展比较均衡,人口580多万的丹麦,首都哥本哈根的人口也才60万。所以丹麦不会出现大城市病,乡村也不会衰败,大家也不用有"乡愁"和"城愁",你爱住哪里就住哪里,环境也差不了多少。

高税收自然让高收入者放慢了挣钱的脚步。个人所得税是按照累进税率征税的,意味着高收入者承担的税负更高。当你的收入大约有一半甚至更高比例都需要以缴税的形式交给国家时,你还会努力再"多收三五斗"吗?

高税收让低收入者也放慢了挣钱的脚步。高税收带来的高福利(从婴儿出生到上幼儿园、小学、中学、大学都免费;人们的生老病死,全部都免费),即使你不努力工作,生活境况也不会太差,那么你还拼搏给谁看呢?

高税收可以打造一个不鼓励竞争也不用激烈竞争的社会环境。

不过诸位也不要认为丹麦人全部因此丧失了工作热情,也可能正是因为生活无忧,所以才可以放心地做自己喜欢做的事情,因此北欧国家的创新能力与竞争力并不弱。否则高税收又靠什么来支撑呢?

同时,人家看待税收的态度是:"我们不是在纳税,我们是在投资社会。我们在通过税收购买高质量的生活。"税负高不一定等于税负痛苦大。

高税收高福利意味着我们很多共同需求,不需要我们个人去努力获得,而是由政府统一提供,所以不用人人焦虑。而且,高税收也意味着公共资源的充足,很多时候我们的焦虑是由于资源稀缺所致,公共资源充足了自然就无须焦虑和忙碌了(这就是学术上经常谈到的内卷化)。

高税收在一定程度上剥夺了个人用钱安排自己生活的权利,但它也剥夺了一部分人依靠经济实力剥夺别人的机会。

不过要明白的是,高税收不是想实现就可以的,这需要很多条件的共同配合。比如纳税人的意识和责任,恰当的经济结构,对政府的高度信任(政府必须廉洁和高效)等,任何一个条件都不可或缺。

丹麦人安徒生给我们塑造了一个童话世界,但是安徒生本人却患有严重的抑郁症。

所以，高税收是解决忙碌症的一剂良药，但是要不要吃就需要斟酌考虑了。

中国要走共同富裕之路，很明显，不会回到传统的平均主义，也不会走向北欧版本的高税收——高福利模式，中国的共同富裕之路本质上是一种更高级的社会治理过程，它需要在个体绩效与整体绩效、发挥资本作用与防止资本滥用、经济富裕与精神富裕、完善正义的支付体制与缩小贫富差距之间取得一系列的平衡。

二十、酒税、禁酒与国运转折

  对于伏特加在何种程度上引发了俄国革命，历史学家们争论得不亦乐乎。是税收流失毁掉了这个国家还是禁酒令加剧了社会矛盾？
  国家依赖酒类税收，这就意味着国家依赖人们对酒精的依赖。
  ——［英］马克·福赛思（Mark Forsyth）. 醉酒简史［M］. 杨清波，译. 北京：中信出版集团，2019.

  这个世界上，曾经有两个大国——美国和苏联，各自都搞了一场声势浩大的禁酒运动，对各自都产生了重大的影响，不过都是一地鸡毛。苏联比美国更悲催，直接导致了自身的解体。
  俄罗斯人对酒尤其是烈酒的热爱，中国人一点儿都不陌生。酗酒可以说已经深入俄罗斯人的血脉与灵魂深处，具有深厚的文化基因，这也可能与苏联大部分国土居于苦寒之地有关。而且因为饮酒可以增加税收，所以俄罗斯历史上很早就采取多种方式鼓励民众饮酒。
  19 世纪 50 年代，俄罗斯政府税收的近一半来源于伏特加销售。一旦某种单一税收成为政府的主要财政收入来源，通常就埋下了巨大的风险和隐患。
  在俄国和苏联的历史上，曾经有过数次禁酒事件，但最后一次 1985 年戈尔巴乔夫发起的禁酒运动直接导致了苏联的解体。在了解 1985 年这次禁酒事件之前，最好先回头看看俄国历史上与酒有关的重大历史事件，或者说，酒曾经对俄国历史的影响。

（一）俄国早期的历史与饮酒影响

  在俄国早期的历史上，民众就喜欢饮酒，而且放量饮酒还是工作、外交和政治活动的组成部分。

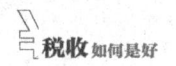

俄罗斯原来属于蒙古人统治的地区，到伊凡四世时期（1530－1584年），征服了鞑靼人的城市喀山，这是一个重要的历史转折点，从此俄国面对蒙古的军事力量开始占上风。所以，伊凡四世可以说是俄罗斯真正意义上的第一个沙皇。但是，伊凡四世在征服蒙古人的同时，也学会了他们的国营酒馆的经营模式。

鞑靼人的国营酒馆称为"卡巴克"，由国家经营酒馆，等于垄断了所有的酒业利润。伊凡四世也把俄国全境的酒馆收归国有，用公务员取代了当地的私人酒馆老板经营这些酒馆，然后从中收取租金。伊凡四世因此成了全国最大也是唯一的酒馆董事长兼推销员。他消除所有的对推销伏特加不利的法律，逮捕任何想要推行戒酒的社会改良者。

伊凡四世自己喜欢喝酒，更喜欢通过喝酒行为来控制和打击政治对手。他经常带着书记员参加自己举办的宴会，让书记员记录下每个人醉酒之后所说的话。第二天他把这些记录读给他们听，然后给予相应的惩罚。更夸张的是，他甚至会安排士兵把更多的酒送到刚刚离开宴会的那些人的家里，然后监督这些人把酒当场全部喝掉。

伊凡这种多疑和暴躁的性格最为极端的一个体现是：他在盛怒之下亲手打死了自己的长子伊凡太子，以至于后来不得不由他另外一个天生弱智的儿子继承了皇位。

彼得大帝在喝酒方面就比伊凡四世强多了。他不仅酒量惊人，据说每天可以喝30~40杯酒，关键是他在天天巨量饮酒的情况下依然可以清醒地主导俄国全面的国内改革并领导俄国最终成为一个现代化的军事强国。

（二）沙皇禁酒终结了沙俄

伊凡四世是俄国历史上第一位沙皇，而尼古拉二世是俄国历史上最后一位沙皇（1894年继位）。1918年，沙皇尼古拉二世及其所有家人都被处死在叶卡捷琳堡一处地下室里，有人认为，这同尼古拉二世在1914年在俄国禁止销售伏特加是有关联的。

沙皇为什么会禁酒呢？禁酒到底会产生多大的影响？需要先了解一下俄国当时的情况。

1913年，俄国酒税收入占总收入的比重为13.5%，这个比例高于当时的英法德等国。但相比于俄国以往的历史，还是差了很多。在1767—1863年间，俄国酒税收入一直占到总财政收入的33%左右，但也同样说明了俄国人酗酒现象严重。

酗酒引发多种社会问题，包括损害身体健康、破坏道德、引发各种怠工与事故、导致自杀和犯罪等。

1904—1905年的日俄战争最终俄国战败了。战败的原因很多，其中一个原因被认为同当时俄国军队中存在的大量酗酒现象有关，酗酒影响了军队的战斗力。而1914年，俄国决定参加一战。为了避免类似的问题再次出现，在前期各种禁酒形式的基础上，沙皇终于颁布了战争动员期间禁止任何酒类贸易的法令。

但是这场禁酒令产生的各种复杂影响令所有人无法预料，最令沙皇不愿意看到的结果是禁酒加剧了革命运动的风起云涌。

政府酒税少了，财政收入就少了，更加无法解决底层民众的困苦生活；酒类生产商与销售商对沙皇的不满日甚；上层偷偷饮酒又加重了社会的分裂和仇恨；甚至有人认为由于俄国士兵不能喝酒，作战也变得不勇敢了。总之，禁酒导致了所有群体的不满。

一个更有趣的说法是，1914—1917年3年时间，由于人们没有饮酒，因此头脑变得清醒了，更能看清楚政府的所作所为及其腐朽反动的本质，所以才导致了革命的风起并最终成功。而沙皇本人在被革命者看押几个月后，1918年7月16日深夜（另有说17凌晨），被赶到地下室处死，全家11人，全部被机枪扫射致死。

末代沙皇尼古拉二世想打破俄国民族持续了400年的饮酒（并且征税）传统，毁掉了依赖伏特加的帝国。

而苏联的最后一任总书记戈尔巴乔夫，又重蹈覆辙了，并最终毁掉了苏联这个强大的红色帝国。

（三）戈尔巴乔夫的"反酗酒运动"

据说在苏联的领导人里面，只有列宁和戈尔巴乔夫不爱喝酒。苏联领导人的酗酒行为对苏联政治产生了诸多不良影响。戈尔巴乔夫之所以能够成为苏共最后一位最高领导人，除了因为他年轻之外，还因为他不酗酒——改革最重要的动力并不在于戈尔巴乔夫很年轻，而在于他滴酒不沾。① 因此，1985年5月，苏共最后一位书记，戈尔巴乔夫，刚刚上任不到2个月，就在苏联发起了一场声势浩大的"反酗酒运动"，掀开了苏联解体的序幕。

1917年俄国革命后，列宁曾经把伏特加一禁了之。然而，在他去世后，斯大林利用销售伏特加为苏联的社会主义工业化买单。到20世纪70年代，来自酒精的收入再次占到政府收入的1/3。1955—1979年，全俄国酒精消费量增加了一倍多——达到每人15.2升。

20世纪80年代初，虽然苏联人均酒精消费量（按100%纯酒精计算）已经显著下降了，但是仍然达到每人8.7升。酗酒人数高达4000万，占人口比例的1/6，令人震惊。因酗酒引发了一系列非常严重的社会问题和经济问题。有苏联学者认为，自20世纪60年代以来，苏联经济发展的停滞与酗酒有着密不可分的关系。俄国（包括苏联）酗酒——禁酒的历史，简直像中国王朝兴衰更替史，充满了历史重复感。

所以，戈尔巴乔夫发起的"反酗酒运动"虽然有尽快捞取政绩巩固自己的地位之嫌，因为这是他上台以来第一个重大的改革，但也有深厚的民意基础。

反酗酒措施很多，包括限制酒的生产，提高酒价，提高饮酒的法定年龄，减少酒水销售网点，缩短商场卖酒时间，禁止公共场所饮用烈酒，禁止酒驾，公职人员酗酒要受到降职、撤职的处分，严重者开除党籍等。

最终，不仅烈酒的生产被大大压缩，甚至葡萄酒和啤酒也被殃及，最后连酒瓶的生产都受到了极大的限制，甚至连酸牛奶都差点被禁止，因为怀疑它含有酒精。结果怎样呢？瓦列里·博尔金在《震撼世界的十年》中写道：这个轻率的法令对国家的经济、也对领导集团的权威带来了严重后果。

与1985年相比，1986的伏特加产量下降了50%，啤酒产量下降了70%。饮酒成了一种奢侈的享受。苏联原来财政收入中有30%与酒业的垄断性生产活动有关，1984年财政通过酒业活动的收入为540亿卢布，到了1985年一下子锐减到110亿卢布。有人估计，从1986—1988年的3年时间，国家税收减

---

① ［美］马克·劳伦斯·希拉德，王进、余杜烽译. 伏特加政治：酒精、专制和俄罗斯国家秘史[M]. 北京：社会科学文献出版社.

少了 670 亿卢布，按照当时的官方兑换率为 1000 亿美元。

悲伤的现实更加吸引人去借酒消愁。反酗酒运动导致了家庭式的地下酿酒风潮迅速吹遍了全国。酒品质量参差不齐的私酒导致每年大约 1.3 万—2.5 万人因酒精中毒而死亡，而原来每年因饮酒死亡的人数大约 1 万人左右。

白糖是酿酒业的必备原料，反酗酒运动所引发的地下酿酒风潮让苏联的白糖消费需求暴涨，国家的白糖储备迅速消耗殆尽，导致食品店供应紧张，白糖价格在黑市上涨了 20 倍，糖产量世界第一的苏联竟出现了食糖短缺！

本来遭受 1986 年的切尔诺贝利核事故的影响，苏联的粮价就在上涨（切尔诺贝利所在的乌克兰一直都是苏联大粮仓），油价在下跌，财政收入在减少，但是，面对白糖不断上涨的局面，为了避免更大的社会问题，苏联不得不再拿出 10 亿美元来购买 180 万吨白糖。过去长期有盈余的苏联外贸陷入贸易逆差，收入已经锐减的苏联财政更迅速地向趋于崩盘。

该政策还导致了社会犯罪现象急剧增加、民众心灵受损（很多人还是要喝酒，但是酒更贵了，质量更差了）、对改革热情和信心丧失、对戈尔巴乔夫个人失望等严重后果。

整个"反酗酒运动"在 1988 年被迫取消，但这为苏联走向崩溃助推了一把。

当然，戈尔巴乔夫的"反酗酒运动"留给苏联的并不仅仅只有历史的惆怅，它还给世人留下了一个著名的笑话

等待购买伏特加酒的人在酒精商店门口排起了 1 英里的长队，一个忍无可忍的家伙最终破口大骂起来：

"我受够了。我要去克里姆林宫把戈尔巴乔夫给杀了！"

1 个小时后，他回到同一支等待队伍中。

"怎样？"每个人都问他，"你杀死他了吗？"

"杀死他？"那个人回答道，"等待杀死他的那支队伍比这支队伍还长呢！"[①]

[①] ［美］马克·劳伦斯·希拉德. 伏特加政治：酒精、专制和俄罗斯国家秘史 [M]. 王进、余杜烽，译. 北京：社会科学文献出版社，2021.

今日，俄罗斯人没有那么酗酒了，俄罗斯男人平均每天只喝半瓶伏特加。2010 年，俄罗斯财政部长阿莱克谢·库德林开诚布公地说，解决公共财政危机的最佳方法是多抽烟、多喝伏特加。他说："那些喝酒的人可以做出更大的贡献，帮助解决社会问题，比如增加人口数量、促进其他社会服务行业的发展以及维持出生率。"①

经历了数个世纪的腥风血雨，俄国似乎在合适的饮酒与恰当的税收之间终于找到了某种平衡。

（四）禁酒与美国修宪笑柄

美国的禁酒运动当然没有让美国解体，但是却让美国在宪法史上闹了一个不小的笑话。

美国的禁酒运动发生在 1920—1930 年。在 19 世纪末 20 世纪初的时候，属于美国的"进步时代"。这个时代当然是追求进步的时代，但是当时社会的情况是政府贪污横行、资本力量猖獗、环境破坏严重、社会道德败坏，所以很多有识之士才行动起来，汇聚成各种力量来追求社会的进步。

禁酒运动其实是政治、经济、社会、宗教等各种力量追求进步的一场运动。

美国当时的饮酒文化到底处在一个怎样的情况，从而引起了多方的穷追猛打呢？

简单来说，当时的大部分工人，不管是来自美国农村的农民，还是来自欧洲的那些移民，都比较习惯于以前自由散漫的生活，但是现在工业化和城市化的生活，让工人受到的约束越来越多，让他们感到越来越不自由、不自在。因此，很多人就喜欢到酒吧里寻欢作乐，饮酒狂欢。而且由于酒业发达，酒吧里的酒非常便宜，并且提供午餐等，所以很吸引男男女女的工人来放松欢乐一下。当然，用中国的一句老话说就是林子大了什么鸟都有，什么事情也都出来了，小偷、政客、酒鬼、肺病患者，等等，这让那些怀有高尚理想的美国人坐不住了。

---

① ［英］马克·福赛思（Mark Forsyth）. 醉酒简史［M］. 北京：中信出版社，2019.

美国总统亚当斯曾经这样写道：看到大批游手好闲的人、小偷、酒鬼和需要就医的肺病患者在这些龌龊之地鬼混时，我陷入了深深的悲伤之中而无法自拔，胸中的怒火难以遏制，想立刻与烈酒、酒馆和酒类零售商决一死战。这反映了当时美国很多有识之士的心声。

1. 女权与禁酒

由于很多男人整日沉醉于饮酒，不可避免地冷落了女人。全世界都一样，女人被冷落，后果很严重。美国妇女们认为酒精引诱他们的男人丧失了理性，失去了自我克制的美德。男人去酒吧也可能会引发性行为以及其他一些不道德的事情，这给女人带来了莫大的耻辱。总之，当时的饮酒风气让当时的美国妇女怒不可遏，她们号召美国女人行动起来，提出了"吻过酒，别吻我"口号，抵制男人饮酒。

2. 种族与禁酒

饮酒的人以移民为多，本来美国白人就比较歧视黑人和欧洲的一些移民，比如德国移民。因此，基于种族优越论认知，他们认为指望黑人和移民通过自己的自制力来控制饮酒的欲望是不可能的，[1] 因此，只能通过强制的外部手段才能帮助他们戒酒，这个办法就是禁酒。虽然美国人本来也是来自欧洲的移民，但是这些先到的移民对于后来的这些移民却非常歧视。由于德国在第一次世界大战的时候是美国的敌对国，德国移民又喜欢喝酒，因此，美国人（这些老移民们）认为这些饮酒的后移民经常会把他们置于危险之中，必须通过禁酒才能使得这些人重新受到严厉道德的约束。

3. 资本与禁酒

禁酒当然少不了资本的原因。酒业的繁荣带来了可观的酒业税，但这引发了其他行业资本力量的不满。因为，其他行业认为工人过度饮酒容易导致消极怠工，引发事故，降低产量。而且，整个社会如果大量的消费花在了酒

---

[1] Dr. and Mrs. W. Crafts. The world book of temperance [M]. SAGE Publications, Washington D. C., 1909: 57.

上面，购买其他产品的钱自然就少了，就会妨碍其他行业的发展。更重要的是，资本家认为工人经常在酒吧喝酒，很容易引发工人的联合行动，比如聚众闹事、罢工、要求增加工资等。总之就是"一行兴百行苦"。因此，除了酒业之外的资本力量都希望禁酒。

最后，各种力量合成了一股强大的禁酒力量，导致美国在1919年通过了一条宪法修正案，即第18条修正案：禁止酒（以饮用为目的的酒精饮料）的酿造、贩卖、运输和进出口。在宪法里面专门弄一条修正案来实施禁酒工作，估计美国的这一做法前无古人后无来者。

这个条款一年之后（1920年）开始生效，可是美国人很快就撑不住了。

没酒喝固然会导致税收的减少，但是更大的问题在于，酒厂的倒闭带来了大量工人的失业，失业的剧增导致了劳动力大量剩余，然后引发了犯罪率的急剧升高。与苏联类似，还出现了大量的地下酿酒业、地下黑市，违法从事酒的生产、销售、走私等活动，甚至警察也卷入其中。

1933年，美国人终于通过了第21条宪法修正案，这条修正案就是为了废止第18条修正案。估计是美国人希望通过国人重新喝酒的行为来拉动美国内需，尽快让美国从经济危机中走出来。

因此，这个事情就成为美国宪法史上"最大的笑柄"，当然，也许那个时候的美国人认为饮酒（禁酒）问题已经成为美国的根本问题，关乎美国的国运，不得不上升到修宪的高度。酒，让饮酒的人和不饮酒的人，都能变得疯狂。

经过了10多年的改进，美国人也终于在合适的饮酒与恰当的社会控制之间找到了某种平衡。

第五篇

税事税言与
税收悟道

税收趣事

1. 在古代埃及，尼罗河经常有规律地一年发一次洪水，洪水漫过河堤冲入尼罗河两边的田地之中，当洪水退却的时候，就留下了肥沃的淤泥，这常常意味着来年会有一个好的收成。但是，古埃及人不去直接测量农业的实际收成并把它作为征税的基础，而是用尼罗米尺（Nilometre）来测量河流的高度并以此计算应该缴纳的税收。如果洪水泛滥太甚而摧毁了灌溉工程，或者太低以致无法浇灌高地的作物，税率会相应调低。由于经常需要测算水位、辨认尼罗河泛滥时淹没土地的疆界等，古埃及因此积累了丰富的几何学、天文学和测地学的知识。所以有人说，发现几何原理的一定不是欧几里得，而是征税员。古埃及人种地也是很有趣的，经常把种子撒在充满淤泥的土地上，把猪牛赶进田地间跑上几圈，把种子踩进去即可，来年收成就有保证了。希罗多德在其历史著作中曾经这样写道：那里的农夫只需要等河水自行泛滥，流到田地上灌溉，灌溉后再退回河床，然后每个人把种子撒在自己的土地上，叫猪上去将这些种子踩进泥里，以后便是等待收获了。

2. 在古埃及，曾经发现了一个有趣的税收单据（见图1）。这个税单显示这个纳税人竟然缴纳了100千克硬币的税，显示了这个埃及人非常的富有。单据是用古希腊文写在一块陶瓷片上，上面有准确的纳税日期——公元前98年7月22日。按照陶片上的铭文，这位古埃及的纳税人（名字看不清楚），缴纳了75他连特（talents）的土地税，外加15他连特的费，之所以多交了这15他连特的费用，估计是因为他用铜币而非银币来纳税的。他连特是当时的一种质量单位，广泛在商业中使用，也用来衡量贵金属的重量。在不同的国家和地区它的重量是不同的，比如在埃及，1他连特大约等于27千克；在希腊，1他连特大约26千克；在罗马，1他连特大约重32.3千克。当时还没有纸币，无法用相应的纸币价钱与他连特进行对比。因此，人们不得不用古希腊的银币重量单位德拉克马（drachmas）来进行换算，按照估计，1他连特等于 6000 德拉克马,那么 90 他连特的税单就等于 54 万德拉克马。当时的最高币值面额是 40 德拉克马,那也就意味着这个可怜的纳税人需要缴纳 13500 这样的银币来完成税收任务,总重量将会超过 100 千克,绝对的古代纳税大户。

图 1　写在陶瓷片上的古埃及税收单据

3. 现代埃及有一种奇怪的税收,规定要对封顶的房子收高额的税收,结果普遍存在的一种现象,就是只盖一半的住宅随处可见。政府的本意也许只是想等着民众的房子盖完再征税,结果民众为了避税房子就永远盖不完了,而且还幽默地说,我们埃及人已经习惯了废墟啊遗址啊什么的,太完整的东西我们不太适应。所以,大家某一天去埃及旅游的话千万不要以为没有封顶的房子都是废墟。这样的房子其实还有一个好处就是,可以一代人一代人地盖下去,不用每次都把房顶掀掉重新盖,这样就节约了成本,而且还可以根据后面生孩子的多少决定加盖到多少层(见图 2)。

在意大利巴里古城的阿尔贝罗贝洛,这座小城的居民也曾经同埃及人一样面临着盖房子要缴房产税的困境,当地政府也是等着居民盖好房子后上门征税,但是这里的居民却因这项税收发明了独特的、闻名于世的楚利建筑。这些建筑的上半部全部是用石块垒起来的,这些像粮仓一样的可爱的圆锥尖顶小房子都隐藏着神秘的机关,只要抽去关键的一块石块,就让房子瞬间倒塌!当税务机关来征税的时候,这些已经盖好的房子瞬间就能恢复为在建状态,楚利建筑因此也被戏称为"抗税危房"。所以,征税的智慧和逃税的智慧都能促进伟大制度和伟大作品的诞生啊（见图3）。

图2　因避税而永不封顶的房子

资料来源：贝勒．你们埃及人的房子为什么不封顶？[EB/OL]，搜狐焦点，2007-03-12.

图3　著名的楚利建筑

资料来源：王爽．冰屋、火山岩屋……在建筑这件事上，全世界人民的智慧是一样一样的[EB/OL]，科普中国网，2021-06-17.

4. 在美国部分州，如果你在7—11便利店里买了一个微波炉加热卷饼，要是店员帮你按了微波炉上的按钮，你就得缴税。要是你自己去按，就可以免税。端上来时还是热气腾腾的汤，自然免不了要征税。而加热过的，本应该在还热着的时候端上来，却因为偶然因素早就冷掉了的汤，同样要征税。电影院的爆米花要不要纳税呢？本来是加热的食品，按照规定是要纳税的，但是加利福尼亚州有一个名叫世纪影院的连锁影院，他们辩称店内所售卖的爆米花是因为偶然因素才被加热的。他们声称小卖部里的灯仅仅起到除湿作用，而非加热用灯。他们柜台所出售的食物基本上符合冷食标准，因此，应当获得免税。在邀请了爆米花专家来证明他们的情况后，他们的逻辑赢得了胜利，世纪剧院获得了销售免税小吃的许可。所以，爆米花也成为很多影院赚钱的秘密法宝，而且利润可观。

5. 在夏威夷，人们在过去的一年里可获得最高达3000美元的免税额，前提是这些钱必须花在因其年龄、稀有性、地理位置、规格大小、审美因素或流行性因素，而具有历史或文化价值，应受到特殊保护的树木上。目前，共有三棵杧果树、一棵椰枣树、两棵昆士兰果树、三棵无花果树、两棵罗望子树和一棵山苹果树被列为可享受税收豁免的食用植物。

6. 1966年，英国披头士乐队出了一首歌曲——《税务官》，以抗议当时哈罗德·威尔逊首相领导的工党政府对高收入群体征收95%的超级税，披头士乐队的成员就得交那么多的所得税。

7. 英伦三岛有史以来最早的书籍被世人称为《末日审判书》（Domesday Book），该书编纂于公元1086年，《末日审判书》是一本令人难以置信的核算全面的纳税记录。

8. 哪国富人交税多？跨国会计师事务所普华永道为20国集团整理了一份各国个人所得税税率排行榜。普华永道的计算方法是这样的：根据各国的税率，设定一名在职人士，已婚并有两个子女（其中一个小于6岁），2013年工资收入为40万美元，住房按揭贷款120万美元，计算其扣除所得税和社会保险费后还剩多少。按照这项计算，这位工薪族人士交完所有该交给国家的税费后，自己剩下的所得占全部工资的比例在不同国家的排列如下：意大利50.59%；印度54.9%；英国57.26%；法国58.1%；加拿大58.13%；日本58.68%；澳大利亚59.3%；美国60.45%（基于纽约州的税率计算）；德国60.61%；南非61.78%；中国62.05%；阿根廷64.02%；土耳其64.64%；韩国65.75%；印度尼西亚69.78%；墨西哥70.6%；巴西73.32%；俄罗斯87%；沙特阿拉伯96.86%。

9. 在中国，平均来说，每位中国人一生中大概要交多少税呢？据《南风周末》测算（2012年），至少100万。这100万是这么来的：

如果你年薪15万元，从25岁工作到60岁，这35年间缴纳个人所得税52万元左右（已扣除社会保险等）。

根据中国人的习惯，这一生通常你至少会买一套100平方米左右的房子，假设是150万元。如果这是你的唯一住房，至少需要缴纳2万多元契税和其他一些零星的各种税。在建造这套房子时，开发商要向国家交多少税费至今也没有确切的说法，姑且按较低水平的10%来算，那就是15万元。

如果你买一辆国产的20万元左右的车，其中含的税至少有七八万元。倘若是进口车，就交得更多。

如果你给孩子买奶粉，用护肤品，看电影，有时要在外请朋友们吃饭，偶尔还买个iPad3什么的，平均每个月花费3000元左右，则要缴纳的税为600元以上。到60岁时，为此交纳的税为25万元以上。

加起来一共是102万元。这还不算你在25岁之前和60岁之后的所有花费。每一笔花费都暗含着税收支出。

很明显，这个数据大大夸张了，年薪超过15万元的人数，不要说2012

年，就算10年后，收入超过15万元的，也只是占比很小的一部分人口。

10. 2011年，TCL净利润不到17亿元，但税收高达42亿多元。在一次股东大会上，很多股东责问李东生为什么交那么多税。李东生无奈地表示："我肯定没有多交税。"

11. 研究发现，早在石器时代，澳洲原住居民就已经有了税收。不管什么时候，这些原始部落外出狩猎的时候，他们必须把所捕获的主要猎物献给部落里面的长者。据说他们所献的猎物绝对不会有丝毫偏差的，"税收逃逸"的想法还没有在这些原始人心中诞生，因为他们认为那是不可饶恕的罪恶。他们认为如果他们欺骗了生病的酋长并导致酋长早逝的话，恶魔及邪恶的灵魂将会惩罚他们。

12. 印花税是对使用契约、借贷凭证而征收的税，是中国（清朝道光年间）引进西方的第一种现代税种。印花税于1624年起源于荷兰，它可能是世界上唯一一次通过公开招标的办法而寻来的税种设计方案。印花税非常符合"拔最多鹅毛，又让鹅叫声最少"的税收，所以很快就被其他国家所效仿。

这种似乎不起眼的税种曾经让中国股民冰火两重天。

2007年5月29日晚，中国出于对股市泡沫的担忧，有关部门连夜决定将印花税率从1‰上调到3‰，股市在极短的时间内走出了一波令世界目瞪口呆的大跌，被股民称为"5·30惨案"。2008年4月23日晚，国家有关部门又决定从2008年4月24日起，将证券交易印花税税率由现行3‰调整为1‰，第二天的股市就走出了一波令世人同样目瞪口呆的大涨，两市超过800只非ST股涨停，创出A股市场有涨跌幅限制以来的单日涨幅之最，被股民称为"4·24井喷"。2007年，印花税收入占当年全国税收总增收额的比重竟然高达15.9%，仅次于"三大税"中的国内增值税（21.6%）和企业所得税（19.2%）而超过了营业税（14.4%），一个名不见经传的小税种，在税收总增收额中位居三甲，在当今世界恐怕也是绝无仅有的，真是符合了当初荷兰统治者对它"取微用宏"的评价啊。而2015年4月28日股市突然一天狂跌300多点，也是同又要开征印花税的传言有一定关系。更具传奇的是，美国的独立革命就是从反抗英国对他们征收印花税开始的，"要自由，要财产，不要印花税"。

13. 威廉·皮特是英国历史上一对著名的父子首相，父子二人同名，父亲老威廉·皮特是英国第9位首相，一个半疯狂的天才，是指导"七年战争"胜利的伟大战略家。儿子小威廉·皮特是第14位首相，也是英国历史上最年轻的首相，就任时年仅24岁，也是英国历史上在任时间最长的首相之一（近20年），小威廉·皮特以财政改革支撑了对拿破仑的战争。父子俩皆被视为英国历史上最伟大的首相之一。老威廉·皮特说过一句名垂青史的话：即使是最穷的人，在他的小屋里也敢于对抗国王的权威，屋子可能很破旧，屋顶可能摇摇欲坠；风可以吹进这所房子，雨可以打进这所房子，但是国王不能踏进这所房子，他的千军万马也不敢跨过这间破房子的门槛。后来这句话被浓缩为"风能进，雨能进，国王不能进"，常常用来为证明私有财产的神圣性以及政府权力要有边界的思想。他还曾经在英国下议院发表了一篇名为"论无权向北美征税"的著名演讲。

但是他的儿子小威廉·皮特却发明了所得税，在英国首先开征个人所得税，以合法的理由侵犯了私有财产的神圣性。查尔斯·亚当斯曾经说过：威廉·皮特的所得税以及哈考特的遗产税是现代税收发明，这两个税给整个世界所带来的革命性变化远远超过爱因斯坦的理论。大英帝国的确是很多现代制度、现代科技的首创者，税收制度也不例外。

14. "钱袋子"伊凡控制了税收就控制了俄罗斯。蒙古人善于打仗，不善于征税。他们征服了俄罗斯地区之后，虽然主要的兴趣就是征税和招募兵员，但是他们却认为由英勇的蒙古战士们来征税是有辱身份的事情，所以几经周折就把征税的事情交给了俄罗斯当地的王公们，希望"以俄制俄"：一是可以减少当地俄罗斯人的抵触；二是不再需要蒙古的卫戍部队，大大降低了征税成本。但是，令蒙古人没有想到的是，莫斯科公国的国君伊凡一世充分利用这种税收制度没有蒙古军官监督的漏洞，把大把的税款留给了自己。一方面，他到处为蒙古汗国征税、四处镇压农民起义，深深打动可汗，被任命为俄罗斯的总征税官；另一方面，伊凡也不想莫斯科公国永远匍匐在金帐汗国脚下，他靠着截留下来的税收，不断地购买或者侵占莫斯科周边的土地，建立最好的卫戍部队，建立坚固的城堡（比如克里姆林宫），收买金帐汗国的人，为莫斯科公国积攒了力量，赢得了时间。有了这些税收，他还可以对臣民减免税赋，收买人心，吸引了更多的人聚集到公园周围。终于到了伊凡四世的时候，俄罗斯人摆脱了蒙古人的控制，获得了独立。征税权就是主权的命脉，这个命脉蒙古人放弃了，被伊凡及其后代们充分抓住和利用了。

15. 导致美国内战的缘由是税收，而非奴隶制

长期以来，我们一般都认为美国内战的缘由和内战的目标都是美国南方存在的奴隶问题，战争就是要"废除奴隶制"。非常矛盾的是，林肯在1860年竞选总统的时候，一再重申他不会干预南方的奴隶制。而林肯最终发布解放奴隶宣言的时候，距离内战爆发已经两年了，所以这个时候解放奴隶更多的是为了挽救北方连续的军事失利，而非战争的本来目的，哪有战争进行了两年才明确宣布战争目的的呢？美国内战爆发更为根本的原因就是南方非常难以忍受的税收，尤其是关税。

内战爆发之前，美国北部的商业和制造业利益集团已经通过国会的税收来压迫南方的种植园主并使北方制造业资本家更加富有。在林肯就职之前，美国历史上的关税平均达到了进口货物价值的47%，铁制品的税率超过50%。对于南方来说，要么用钱来购买包含高额关税的欧洲货物，要么就以高额的价格购买北方制造的商品，而这些货物差不多要花掉南方出口货物的3/4，而国家所征关税也主要用在了北方，南方的钱大量流向了北方。所以，南方各州独立的主要动力，就是希望独立之后，实施免税政策，这样欧洲的货物就会舍弃北方各港口，直接来到南方各州港口，从而促进南方经济的发展，并且南方可以以较低的不含关税的价格购买欧洲的产品，不再忍受北方的剥削。所以，以"废除奴隶制"为借口作为这场战争的动机或者合法性的证明，只不过是为战争找到一种看起来正义的借口，就像很多其他的战争一样。美国因为税收而发动了独立战争，同样因为税收又发动了南北战争，美国的内战史可以说就是一部税收反抗史。

16. 报纸的版面为什么那么大？

报纸的版面比普通的书籍及杂志都要大，这是为什么呢？因为最早的时候对报纸收税是根据报纸的页数来征税的，版面越大，报纸的页数自然越少，这是避税的一种方法。今天当然不会按照报纸的页数来征税了，但是保留了报纸版面大的这个传统。

税收众言

所有国家都需要税收。一个国家征税的方式事关其自身的生死存亡。

——威廉·J. 伯恩斯坦：繁荣的背后 [M]. 机械工业出版社，2021.

岁入：国家之要害。

——西塞罗

税收是文明的代价。

——美国佛蒙特州众议院

每个国家的国民都必须按照各自能力，也就是说，按照各自在国家保护下所获得收入的比例，尽可能地缴纳税赋以确保政府运转。一个大国中每个国民所须缴纳的政府开支，正如一大宗土地的联合承租所需要承担的管理费用一样，他们必须按照各自在土地中所获得的利息的比例来划分。所谓税赋的平等或不平等，就看是尊重还是忽视这条原则。

——亚当·斯密：国富论 [M]. 北京：华夏出版社，2005.

为满足某种环境而设计的税收模式，当这种环境已经发生变化很久之后，税收模式并不会发生相应改变。战时税收体系是这方面一个主要的例子，但是它不是唯一的。原因在于对一种税收或者税收模式熟悉之后，它滋生的不是耻辱而是容忍。

——罗伊·道格拉斯：1660年之后的英国税收 [M]. 帕尔格雷夫 麦克米兰出版社，1999.

代议制民主的基本原理就是代表们必须接受他们施加给人民的任何负担。我想，如果每一个国会议员都必须按照他们所定的最高税率来纳税的话，税率会变得多么公平啊。

——查尔斯·亚当斯：善与恶——税收在文明进程中的影响［M］.北京：中国政法大学出版社，2013.

税收是艺术、技术，也是科学，我们永远要限于特定的时空条件才能对其进行评判。

——哈罗德·M. 格罗夫斯、唐纳德·J. 柯伦：税收哲人：英美税收思想史二百年［M］.上海：上海财经大学出版社，2018.

在国家税收的问题上，行政机构如果拥有决定权，而不仅仅是赞同权，自由就将不复存在，因为，在这个最重要的立法事项上，行政机构变成了立法机构。

立法机关如果不是逐年议定税收，而是做出一劳永逸的决定，它就面临丧失自由的危险。

——孟德斯鸠. 论法的精神（上），［M］. 北京：商务印书馆，2009.

国家的收入来自每一个公民。公民从自己的财产中拿出一部分交给国家，为的是确保其另一部分财产的安全，或是为了快乐地享用这部分财产。

没有任何别的事情比规定臣民应该缴纳多少和保留多少，更需要智慧和谨慎了。

确定国家收入的依据绝不是人民能够拿出多少，而是人民应该拿出多少。

——孟德斯鸠. 论法的精神（上），［M］. 北京：商务印书馆，2009.

当人民自己开始考虑本身的处境时，总会产生许许多多起初并未意识到的需要，而为了满足这些需要，就不得不依靠国家的资助。因此，一般来说，公共开支总是随着文明程度的提高而增加，赋税则随着教育的普及而增加。

——托克维尔：《论美国的民主》（上），［M］. 北京：商务印书馆，2009.

在缺乏确实可靠的资料的情况下，要想查明人民的公共开支负担是否与他们的财富相称，只能观察这个国家在物质上是否繁荣，观察人民在向国家缴纳税款之后穷人是否还能维持生计，富人是否更加富有，双方是否对自己

的命运感到满意，双方是否每天又在继续改善自己的生活。

——托克维尔：《论美国的民主》（上），[M]．北京：中国商务出版社，2009．

如果对收入的用途没有约束，收入就变得等同于政府决策者的私人收入。

——布伦南、布坎南：宪政经济学 [M]．北京：中国社会科学出版社，2004．

政府的利益在于课以重税，共同体的利益在于尽可能少纳税，少到只能维持政府的必需开支。

——穆勒：《代议制政府》，转引自布伦南、布坎南．宪政经济学 [M]．北京：中国社会科学出版社，2004．

一个只得到一半供给的、经常贫穷的政府，怎能实现其制度的目的，怎能提供安全保障，增进繁荣或维持国家的名声？这样的政府怎么能够拥有能力或保持稳定，享有尊严或信用，得到国内的信任或国外的尊敬呢？它的管理除了连续不断地采用姑息的、无能的而且可耻的权宜办法以外，还能有别的办法吗？它怎能不会为了一时需要而经常牺牲自己的事业呢？它怎能承担或执行任何广泛的或扩大的公益计划呢？

——汉密尔顿，等．联邦党人文集 [M]．北京：中国商务出版社，2010．

过量的盈余会带来奢华铺张的政府，政府的奢华又会在民间助长奢侈之风。这种风气对民族的发展极为不利。

——美国总统格罗夫·克利夫兰

我们新的宪法已经确立，每件事情看起来将持续下去，但是这个世界上只有两件事不可避免，即死亡和税收。

——本杰明·富兰克林写给珍-巴普蒂斯特·勒罗伊（Jean-Baptiste Leroy）的信，1789年11月13日；后编入《富兰克林文集》（1817）

死亡、税收和分娩，哪一件都不是容易的事。

——美国著名作家、小说《飘》的作者玛格丽特·米切尔（1936）

第五篇　税事税言与税收悟道

国家收入生产的历史,就是国家演化的历史。

——玛格丽特·列维. 统治与岁入 [M]. 北京:格致出版社,2010.

税收支撑着国家实现目标的能力,它们是影响国家-社会关系的中心舞台之一,它们形塑了积累和再分配之间的平衡,而这又使得国家的社会特征与众不同。没有有效汲取收入的能力,国家将不能有效地提供安全保障、满足基本的需求或者培育经济的发展。

——黛博拉 A. 布罗迪格姆:发展中国家的税收与国家建设 [M]. 剑桥大学出版社,2008.

一个民族的精神、它的文化水平、它的社会结构、它的政策所部署的行动——所有这些以及更多的东西都被写进它的财政史之中……谁懂得如何倾听它的信使的声音,谁就能在这里比在其他任何地方更加明了地识别世界历史的雷鸣……公共财政是研究社会最好的开始点之一。

——熊彼特:《税收国家的危机》,载于皮考克等人编纂的《国际经济论文》,第四卷

能使我陷入危机的唯一疾患和消耗就是这折磨我的亏空,只有去除了它,我才会感到自己彻彻底底的和那些耶稣降生以来的其他任何君主国王一样幸福。

——詹姆斯一世和六世:见尼尔·弗格森. 金钱关系 [M]. 北京:中信出版社,2012.

财政的形式总是对国家和社会的演化产生决定性的影响。税收斗争是最早的阶级斗争形式,而且即使是人类社会最强有力的精神运动,财政事件也是一个重要的诱因,因此,国家的特征取决于财政的演化……战争和权力政治的财政需求成为社会形式的源泉,这也确认了我们的主题,即只有首先抓住国家的军事和财政本质时,国家的法律本质才能够得到恰当的理解。

——葛德雪:《关于公共财政问题的社会学研究》,载于马斯格雷夫等人编纂的《公共财政理论经典》

子孙若如我,留钱做什么?贤而多财,则损其志;子孙不如我,留钱做什么?愚而多财,益增其过!

——林则徐

聚天下之人不可以无财,理天下之财不可以无义,夫以义理天下之财,

则转输之劳逸不可以不均。政事所以理财，理财乃所谓义也。一部周礼，理财居其半，周公岂为利哉？

——王安石：《临川文集》

王室领地的收入是君主王国的经济基础，因此也是建设独立的对内对外政权的基础，因为王室领地是国王在物质上独立于各阶层群体的基础。因此只要王室存在，王室领地也将永远存在。

——冯·斯坦男爵：见尼尔·弗格森. 金钱关系[M]. 北京：中信出版社，2012.

在这个世界上，大家讲到不同的神就容易有争执，说到不同的王也可能大打出手，但用起一样的钱却是和乐融融。

虽然这些基督教徒敬畏上帝，但是用起穆斯林硬币来可没有半点儿的心理障碍。

就算是那些高喊要发动圣战、打倒异教基督徒的穆斯林统治者，收税的时候也还是十分乐意收到印着耶稣和圣母玛丽亚的硬币。

——[以色列]尤瓦尔·赫拉利. 人类简史[M]. 北京：中信出版社，2017.

这也税，那也税，
东也税，西也税，
样样东西都有税，
民国万税，万万税！

——马凡陀《万税》

确实，如果仔细分析一下历史上的重大政治斗争，特别是民主化运动所取得的具有历史意义的胜利，人们就可以发现，当时事关重大的问题往往不是参与，而是税收。为了制定《大宪章》而与国王约翰在伦尼米德会面的贵族所关心的并不是政治参与，而是如何免受横征暴敛。法国大革命的起因应在贵族和僧侣所享受的财政特权以及法国国王所强行征收的沉重的间接税中去发现。大革命以后，这些税至少在原则上已为累进税制度所取代。

——加布里埃尔·A. 阿尔蒙德、小G. 宾厄姆·鲍威尔. 比较政治学：体系、过程与政策[M]. 上海：上海译文出版社，1987.

参考文献

[1] 阿历克西·德·托克维尔. 旧制度与大革命 [M]. 袁浩, 译. 北京: 经济科学出版社, 2013.

[2] 艾伦·麦克法兰. 现代世界的诞生 [M]. 管可秾, 译. 北京: 世纪出版集团, 上海: 上海人民出版社, 2013.

[3] 安多马. 永不朽坏的钱囊: 基督徒的金钱观 [M]. 上海: 上海三联书店, 2011.

[4] 鲍勃·伍德沃德. 政治的代价 [M]. 安玲, 译. 北京: 人民东方出版传媒, 东方出版社, 2015.

[5] 布伦南, 布坎南. 宪政经济学 [M]. 冯克利, 等, 译. 北京: 中国社会科学出版社, 2004.

[6] 波音. 航海、财富与帝国: 从经济学角度看世界历史 [M]. 北京: 群言出版社, 2017.

[7] 布鲁斯·布尔诺·德·梅斯奎塔, 阿拉斯泰尔·史密斯. 独裁者手册 [M]. 骆伟阳, 译. 南京: 江苏文艺出版社, 2014.

[8] 查尔斯·蒂利. 强制、资本和欧洲国家 (990－1992) [M]. 魏洪钟, 译. 上海: 上海人民出版社, 2007.

[9] 查尔斯·亚当斯善与恶: 税收在文明进程中的影响 [M]. 翟继光, 译. 北京: 中国政法大学出版社, 2013.

[10] 崔敬伯. 崔敬伯. 财政文丛 (上、中、下) [M]. 北京: 中央编译出版社, 2015.

[11] 理查德·道金斯. 自私的基因. [M]. 卢允中, 等, 译. 北京: 中信出版社, 2012.

[12] [美] 亨德里克·威廉·房龙. 荷兰共和国兴衰史 [M]. 施诚, 译. 石家庄: 河北教育出版社, 2001 年.

[13] 菲利普·T. 霍夫曼，凯瑟琳·诺伯格．财政危机、自由政府和代议制政府（1450-1789）[C]．储建国，译．上海：格致出版社，上海人民出版社，2008．

[14] 弗朗西斯·福山．政治秩序的起源[M]．毛俊杰，译．桂林：广西师范大学出版社，2012．

[15] 哈罗德·M. 格罗夫斯，唐纳德·J. 柯伦．税收哲人[M]．刘守刚，刘雪梅，译．上海：上海财经大学出版社，2018。

[16] 洪振快．亚财政：制度性腐败与中国历史弈局[M]．北京：中信出版社，2014．

[17] 克里斯多夫·胡德，罗扎纳·西玛兹．英国百年财政挤压政治：财政紧缩·施政纲领·官僚政治[M]．沈国华，译．上海：上海财经大学出版社，2019．

[18] 葛克昌．租税国家的危机[M]．厦门：厦门大学出版社，2016．

[19] 琳达·麦奎容，尼尔·布鲁克斯．顶层社会：被超级富豪操控的世界[M]．倪云松，译．北京：人民东方出版传媒，东方出版社，2016．

[20] 布鲁斯·G. 崔格尔．理解早期文明：比较研究[M]．徐坚，译．北京：北京大学出版社，2014．

[21] 赖建成，苏鹏元．教堂经济学：宗教史上的竞争策略[M]．上海：格致出版社，2018．

[22] 李炜光，李炜光．说财税[M]．保定：河北大学出版社，2010．

[23] 理查德·派普斯．财产论[M]．蒋琳琦，译．北京：经济科学出版社，2003．

[24] 刘煦．旧唐书[M]．上海：中华书局，1975．

[25] 罗伯特·霍马茨．自由的代价[M]．张关林，译．上海：上海人民出版社，2010．

[26] 马丁·唐顿．信任利维坦：英国的税收政治学（1799-1914）[M]．魏陆，译．上海：上海财政大学出版社，2018．

[27] 马克·福赛思．醉酒简史[M]．杨清波，译．北京：中信出版集团，2019．

[28] 马克·劳伦斯·希拉德．伏特加政治：酒精、专制和俄罗斯国家秘

史［M］．王进，余杜烽，译．北京：社会科学文献出版社，2021.

［29］玛格丽特·列维．统治与岁入［M］．周军华，译．上海：格致出版社＆上海人民出版社，2010.

［30］马尔滕·波拉．黄金时代的荷兰共和国［M］．金海，译．北京：中国社会科学出版社，2013.

［31］尼尔·弗格森．金钱关系［M］．唐颖华，译．北京：中信出版社，2012.

［32］伊曼纽尔·赛斯，加布里埃尔·祖克曼．不公正的胜利：富人如何逃税？如何让富人纳税？［M］．薛贵，译．北京：中信出版社，2021.

［33］曼瑟尔·奥尔森．集体行动的逻辑［M］．陈郁，等，译．上海：上海三联出版社，上海人民出版社，2013.

［34］钱穆．中国历史精神［M］．贵阳：贵州出版社集团，贵州人民出版社，2019.

［35］钱穆．中国经济史［M］．北京：北京联合出版公司，2014.

［36］史蒂文·M.谢福林．税收公平与民间正义［M］．杨海燕，译．上海：上海财经大学出版社，2016.

［37］史蒂芬·霍尔姆斯，凯斯·R.桑斯坦．权利的成本—为什么自由依赖于税［M］．毕竞悦，译．北京：北京大学出版社，2004.

［38］斯坦·培根．民主是做什么用的：论自由与德政［M］．孙建中，译．北京：新华出版社，2004.

［39］谢和耐．中国5—10世纪的寺院经济［M］．上海：上海古籍出版社，2004.

［40］谢尔登·D.波拉克．战争、收入与国家建构：为美国国家发展筹资［M］．李婉，译．上海：上海财经大学出版社，2021.

［41］雅各布·哈克，保罗·皮尔森．推特治国［M］．法意，译．北京：当代世界出版社，2020.

［42］尤瓦尔·赫拉利．人类简史：从动物到上帝［M］．林俊宏，译．北京：中信出版社，2017.

［43］约翰·巴克勒，贝内特·希尔，约翰·麦凯．西方社会史（第一卷，第二卷，第三卷）［M］．霍文利，等，译．桂林：广西师范大学出版

社，2005.

[44] [美] 万志英. 剑桥中国经济史：古代到19世纪 [M]. 崔传刚，译. 北京：中国人民大学出版社，2018.

[45] 翁礼华. 皇粮国税：解读税收四千年 [M]. 杭州：浙江古籍出版社，2006.

[46] 威廉·J. 伯恩斯坦. 繁荣的背后 [M]. 符云玲，译. 北京：机械工业出版社，2021.

[47] 扎哈洛夫·维克多·尼古拉耶维奇，彼得罗夫·尤里·亚历山德罗维奇，萨茨洛·米哈伊尔·卡尔内里耶维奇. 俄国税收史（9-20世纪初）[M]. 张广翔，梁红刚，译. 北京：社会科学文献出版社，2021.

[48] 詹姆斯·奥康纳. 国家的财政危机 [M]. 沈国华，译. 上海：上海财经大学，2017.

[49] Ajay K. Mehrotra. Making the modern American fiscal state：Law, politics, and the rise or progressive taxation, 1877—1929 [M]. Cambridge University Press, New York, 2013.

[50] David F. Burg. A world history of tax rebellions：An encyclopedia of tax rebels, revolts, and riots from antiquity to the present [M]. Routledge, London, New York, 2004.

[51] Daniel S. Goldberg. The death of the income tax：A progressive consumption tax and the path to fiscal reform [M]. Oxford University Press, 2013.

[52] Duncan Bentley. Taxpayers' rights：theory, origin and implementation [M]. Kluwer Law International, Alphen aan den Rijn, 2007.

[53] Holger Nehring, Florian Schui. Global debates about taxation [C]. Palgrave Macmillan, New York, 2007.

[54] Geoffrey Brennan and James M. Buchanan. The power to tax：Analytical foundations of a fiscal constitution. [M]. Cambridge University Press, Cambridge, 1980.

[55] Jane Frecknall – Hughes. The theory, principles and management of taxation：A introduction [M]. Routledge, London, New York, 2015.

[56] Kenneth Scheve, David Stasavage. Taxing the rich：A history of fiscal

fairness in the United States and Europe [M]. Princeton University Press, Princeton, 2017.

[57] Louis Eisenstein. The Ideologies of taxation [M]. Harvard University Press, Cambridge, London, 2010.

[58] Liam Murphy, Thomas Nagel. The Myth of ownership: Taxes and justice [M]. Oxford University Press, New York, 2002.

[59] Lynne Oats. Taxation: A fieldwork research handbook [M]. Routledge, London, New York, 2012.

[60] Mare Leroy. Taxation, the state and society: The fiscal sociology of interventionist democracy [M]. P. I. E. Peter Lang, Brussells, 2011.

[61] Michael Kwass. Privilege and the politics of taxation in eighteenth–century France [M]. Cambridge University Press, Cambridge, 2000.

[62] Philip Alston, Nikki Reisch. Tax, Inequality, and human rights [M]. Oxford University Press, New York, 2019.

[63] Robert F. van Brederode. Ethics and taxation [M]. Springer Nature Singapore Pte Ltd, Singapore, 2020.

[64] Stephen Smith. Taxation: A very short Introduction [M]. Oxford University Press, Oxford, 2015.

[65] Sven Steinmo. Taxation and democracy [M]. Yale University Press, New Haven, London, 1993.

[66] W. Elliot Brownlee. Funding the modern American state, 1941–1995: The rise and fall of the era of easy finance [M]. Woodrow Wilson Center Press and Cambridge University Press, Cambridge, New York, 1997.